Meine Lieblingsorte

Asklepieion [G2] **24**

Historische Stätten finden sich im Ostteil der griechischen Ägäis-Insel zuhauf, aber das legendäre und gut erhaltene antike Heiligtum stellt in vielerlei Hinsicht eine Besonderheit dar, ist es doch eines der wenigen bewahrten „Heil-Heiligtümer" der Welt (s. S. 38).

002ko-mb

003ko-mb

Berg Díkeos [F3]

Hier liegt einem die Ägäis im wahrsten Sinne des Wortes zu Füßen: Kos' höchster Berg ist über einen empfehlenswerten Wanderweg erreichbar und lockt auch mit einer hübschen, kleinen Kapelle. Auf dem Weg zum Gipfel durchwandert man ganz unterschiedliche Landschaften (s. S. 93).

Paleó Pilí [E3] **35**

Die Geisterstadt hoch in den Bergen und ihre byzantinische Festung muss man sich zunächst einmal „erklettern". Lohn für den Aufstieg sind eine grandiose Sicht über die Inselberge samt wilder Bergziegen sowie ein Gefühl von Freiheit und Ruhe. Ein Ausflugslokal bietet eine wohlverdiente Stärkung (s. S. 57).

001ko-mb

38 ### Festung Andimáchia [E3]

Erhaben thronen die alten Burgmauern über der Ebene und dem Meer. Die beiden Festungskapellen versprühen den Zauber des Vergangenen. Zu der Anlage, der man ihre kriegerische Vergangenheit nicht ansieht, führt ein reizvoller Wanderweg (s. S. 60).

064ko-mb

Liebe Grüße ...

... von den Inselkatzen

Es gibt kaum einen Ort auf Kos, den sie nicht für sich entdeckt hätten: Die unzähligen Katzen auf der Insel zählen nicht nur zu den beliebtesten Fotomotiven, sondern werden von manchen Koern auch liebevoll umsorgt (s. S. 109).

... aus dem Garten des Hippokrates

Unweit des Flughafens erreicht man über eine holprige Straße eine kleine Oase der Ruhe. Bei einem Kräutertee kann man die Stille inmitten des Grüns genießen und den Trubel der Strandorte für eine Weile hinter sich lassen (s. S. 61).

... aus dem Pfauenwald

Der kleine Wald zieht mitunter viele Touristen an. Dennoch ist es einfach herrlich, die gefiederten Waldbewohner in so großer Zahl in freier Wildbahn zu beobachten und dabei ein Picknick im Schatten der Bäume zu genießen (s. S. 61).

... vom Sonnenuntergang in Zía

Zugegeben, touristisch ist das kleine Bergdorf schon, aber es gibt kaum etwas Schöneres, als hier bei einem guten Glas Wein und einem typisch griechischen Abendessen die Sonne langsam im Meer versinken zu sehen (s. S. 55).

Kos

Seit vielen Jahrhunderten zieht Kos Besucher aus aller Herren Länder an. Einst kamen die Gäste vor allem wegen des guten Weins und der legendären Heilanstalten der Schüler des Hippokrates, später waren es die Römer, Johanniter, Osmanen und Italiener, die die strategische Lage der Insel im letzten Winkel Europas vor der heutigen türkischen Küste zu schätzen wussten. Ob sie damals wohl die zahlreichen Schönheiten des Eilands im Blick hatten? Heute jedenfalls präsentiert sich die Hauptinsel des nördlichen Dodekanes in all seiner Pracht: Einzigartige Strände, heiße Quellen, hohe Berge, Wälder und Feuchtgebiete ziehen Naturbegeisterte an. Die ausgezeichnete Inselküche, die Herzlichkeit der Menschen und die Bilderbuchidylle so mancher Ortschaft sind weitere Pluspunkte des Eilands. Den Spuren der Antike begegnet man heute vor allem in und um Kos-Stadt. Das angenehme Klima sorgt dafür, dass Kos etwa die Hälfte des Jahres ein wunderbares Reiseziel für Badeurlauber ist. Wer nicht nur am Strand liegen möchte, schnappt sich einen Drahtesel – für Radfahrer herrschen ideale Bedingungen vor. Auch Wanderer kommen voll auf ihre Kosten. Wem das noch nicht genug ist, der steigt auf eine Fähre oder ein Ausflugsboot und besucht die Nachbarinseln: das mystische Nísiros mit seiner mondgleichen Kraterlandschaft, das beschauliche Psérimos oder die Schwammtaucherinsel Kálimnos. Und auch die Türkei ist nicht weit: Das geschäftige Bodrum mit seinem Basar, den Resten des legendären Mausoleums von Halikarnassos und der imposanten Hafenfestung versprüht orientalischen Charme. Langweilig wird ein Urlaub auf Kos also garantiert nicht. Kalós orísate – herzlich willkommen! Ich nehme Sie gern mit auf eine Reise zu meinen Lieblingsorten …

Der Autor

Der gebürtige Südbadener **Markus Bingel** war schon als Kind von den griechischen Sagen begeistert. Seine Faszination für Hellas entwickelte sich im Laufe der Jahre während mehrerer Griechenland-Reisen und beim Erlernen des Altgriechischen in der Schule, weshalb sich der passionierte Numismatiker während seines Geschichtsstudiums neben seiner zweiten Liebe Osteuropa auch auf antike Geschichte spezialisierte. Heute ist der mittlerweile in Bielefeld lebende Lektor und Autor mehrmals im Jahr auf den griechischen Inseln unterwegs. Immer wieder zieht es ihn dabei auch auf die Insel des Hippokrates, wo er neben den zahlreichen antiken Ruinen vor allem die Vielfalt der Kochkunst, die Warmherzigkeit der Menschen und die Nähe zur Türkei schätzt, die auch kulinarisch ihren Niederschlag gefunden hat. Im REISE KNOW-HOW Verlag sind von ihm bisher Bücher zu Bonn, Ulm, Warschau, Posen, Malta, Elba, Sankt Petersburg, Genua und Zagreb sowie ein Polnisch-Sprachführer erschienen.

Danksagung

Mein besonderer Dank gilt Giórgos und Leonídas für ihre Hilfe und die netten Gespräche sowie Elena, Matthias, Sebastian, Volker und Ronny, die tolle Reisebegleiter waren.

Inhalt

Zeichenerklärung

★★★ nicht verpassen
★★ besonders sehenswert
★ wichtig für speziell interessierte Besucher

[A1] Planquadrat im Kartenmaterial. Orte ohne diese Angabe liegen außerhalb unserer Karten. Ihre Lage kann aber wie die von allen Ortsmarken mithilfe der begleitenden Web-App angezeigt werden (s. S. 143).

Updates zum Buch

www.reise-know-how.de/inseltrip/kos20

◁ *Die hübsch restaurierte Mühle von Milotópi (s. S. 64) ist noch in Betrieb und liefert Mehl für das leckere Brot des gleichnamigen Restaurants (009ko-mb)*

Benutzungshinweise

Orientierungssystem

Die in den folgenden Kapiteln beschriebenen Attraktionen sind mit einer **fortlaufenden magentafarbenen Nummer** gekennzeichnet, die sich als Ortsmarke im Faltplan oder Detailplan wiederfindet. Steht die Nummer im Fließtext, verweist sie auf die Beschreibung dieser Attraktion.

Die Angabe in **eckigen Klammern** verweist auf das Planquadrat im Faltplan. Beispiele:

㉙ Embrós-Therme ★ ★ [H2]

Alle weiteren Points of Interest wie Unterkünfte, Restaurants oder Cafés sind mit einer Nummer in **spitzen Klammern** versehen. Anhand dieser eindeutigen Nummer können die Orte in unserer speziell aufbereiteten Web-App unter www.reise-know-how.de/inseltrip/kos20 lokalisiert werden (s. S. 143). Beispiel:

❯ Teo's Taverna €–€€ <59>

Beginnen die Points of Interest mit einem **farbigen Quadrat**, so sind sie zusätzlich in den Detailplänen eingezeichnet:

■ Hotel Sonia €–€€ <39>

Preiskategorien

Gastronomie

€	bis 10 Euro
€€	10–20 Euro
€€€	ab 20 Euro

Die Preise gelten für ein Hauptgericht ohne Getränke in der Hauptsaison.

Unterkünfte

€	bis 80 Euro
€€	80–150 Euro
€€€	ab 150 Euro

Die Preise gelten für ein Doppelzimmer mit Frühstück in der Hauptsaison.

Vorwahlen

❯ **Griechenland:** +30
❯ **Kos:** 2242
❯ **Türkei:** +90
❯ **Deutschland:** +49
❯ **Österreich:** +43
❯ **Schweiz:** +41

Die Ortsvorwahl ist bei allen Festnetznummern in diesem Buch mit angegeben und fester Bestandteil der Teilnehmernummer.

Schreibweisen

In diesem Buch werden die griechischen Begriffe nach gängiger Art ins Deutsche transkribiert, wobei der **griechische Betonungsakzent** angegeben ist, der für die Verständigung wichtig ist. Ausnahmen bilden allgemeine, auch im Deutschen übliche Begriffe und Personennamen wie Odeon, Asklepieion oder Hippokrates.

Bei allen **Hauptsehenswürdigkeiten** ist jeweils der Name in **griechischer Schrift** angegeben, sodass man darauf zeigen und sich so den Weg erklären lassen kann.

Adressen und Straßennamen

Offiziell haben auf Kos fast alle Straßen einen Namen. Abgesehen von Kos-Stadt spielt dieser im Alltag aber keine Rolle. Oft wissen nicht einmal die Betreiber von Geschäften, in welcher Straße sich ihr Laden offiziell befindet, als Orientierung dienen **markante Orte** wie Dorfkirchen. Auf die **Angabe von exakten Adressen** wurde daher in diesem Buch, abgesehen von Kos-Stadt, **weitgehend verzichtet.**

Abkürzungen

❯ leof. *leofóros* (Allee)
❯ od. *odós* (Straße)
❯ pl. *platía* (Platz)

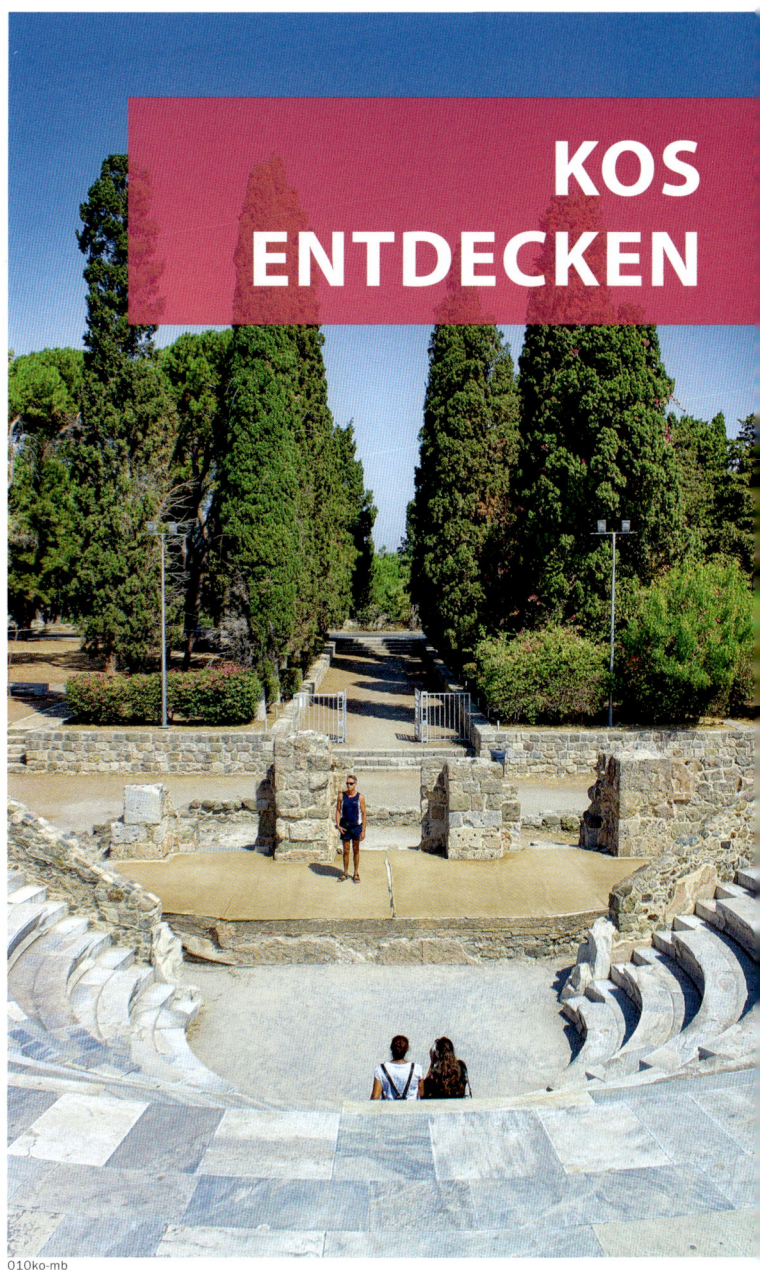

KOS ENTDECKEN

Kos im Überblick

Kos ist Teil des **Dodekanes**, einer aus zwölf Eilanden bestehenden Inselgruppe in der südöstlichen **Ägäis** vor der türkischen Küste. Neben Kos zählen Rhódos, Kárpathos, Kálimnos, Astipálea, Léros, Kásos, Sími, Tílos, Nísiros, Pátmos, Chálki, Lipsí, Megísti und Agathonísi zu dem Archipel, das bis 2010 eine eigene Präfektur bildete und seitdem von einer Behörde in Piräus verwaltet wird.

Die Insel Kos hat die **Form eines Fischs** mit deutlich sichtbarer Schwanzflosse. Sie liegt im **Golf von Gökova**, nur einen Katzensprung von der türkischen Küste entfernt – an einigen Punkten sind es nur fünf Kilometer. „Eingerahmt" wird Kos dabei von den türkischen Halbinseln Bodrum und Datça. Aufgrund ihrer Geschichte und der Nähe zur Türkei ist trotz aller Animositäten zwischen den beiden Nachbarn in einigen Orten noch immer eine **osmanische bzw. türkische Prägung** spürbar, beispielsweise in Kos-Stadt, wo sich mehrere (ehemalige) Moscheen befinden, und im kleinen Dörfchen Platáni **㉒**.

Kos lässt sich grob in **fünf Regionen** unterteilen, die alle ihren eigenen Charakter besitzen und für eine so kleine Insel eine erstaunliche Vielfalt aufweisen:

Kos-Stadt (s. S. 14) ist das wirtschaftliche, kulturelle und politisch-administrative Zentrum des Eilands und stellt mit rund 20.000 Bewohnern fast zwei Drittel der Inselbevölkerung. Hier laufen in puncto Fährverkehr die meisten Fäden zusammen, unzählige Lokale und Geschäfte laden zu Unterhaltung und Shopping ein. Gleichzeitig ist Kos-Stadt der einzige Ort der Insel, der wirklich als Stadt bezeichnet werden kann. Hier und in der näheren Umgebung befinden sich auch die meisten **antiken Stätten** der Insel, allen voran das Asklepieion **㉔**.

Der **Inselnorden** (s. S. 47) mit den **Badeorten** Tigáki **㉕**, Marmári **㉖** und Mastichári **㉗** ist punktuell recht dicht besiedelt und glänzt mit traumhaften Stränden, wobei man auch von **einem einzigen langen Sandstrand** sprechen könnte, der sich beinahe über die gesamte Nordküste erstreckt. Die meisten Touristen beziehen hier eine Unterkunft. Es mangelt an nichts, was das Besucherherz begehrt, wenngleich viele Dörfer inzwischen zu modernen Bettenburgen mutiert sind und nicht mehr den dörflichen Charme versprühen, den so mancher Reisende vielleicht noch aus dem Hochglanzprospekt kennt.

Den Hauch des Ursprünglichen kann man schon eher **im Herzen der Insel** (s. S. 54) aufspüren. Die Inselmitte ist durch **Berge** geprägt. Zwar hat der Tourismus auch hier Einzug gehalten, nichtsdestoweniger sind **Bergdörfer** wie Pilí **㊱**, Zía **㉜** oder Andimáchia **㊲** nach wie vor sehr charmant – einen Besuch sollte man auf keinen Fall verpassen. Südwestlich dieser Bergdörfer erstreckt sich eine recht zerklüftete, im Frühjahr grüne, im Sommer rötlich-braune Landschaft mit reizvollen Felsformationen und weiten Tälern, die aufgrund ihrer Gestalt oft scherzhaft „Arizona" genannt wird. Neben der Viehwirtschaft (Ziegen und Kühe) dominieren hier vor allem Weizenfelder. Menschen trifft man indes nur selten an und die Wege sind durchweg in schlechtem Zustand.

◁ *Vorseite: Das Odeon* **⑲** *zählt zu den besterhaltenen antiken Bauten*

011-ko-mb

Der **Inselsüden** (s. S. 51) mit seinem wichtigsten Ort Kardámena ➌⓿ präsentiert sich einsam und bisweilen karg. Hier finden sich nur relativ wenige Siedlungen, dafür aber **heiße Quellen** (darunter die Embrós-Therme ➋❾) und ideale Bedingungen für Radfahrer. Fährt man von hier nach Kos-Stadt, gibt es nur wenig zu sehen, in südwestlicher Richtung hingegen erstrecken sich, wie an einer Perlenschnur aufgereiht, einige der **herrlichsten Strände** der Insel.

Die abgelegene **Halbinsel Kéfalos** (s. S. 62) bildet gewissermaßen die „Schwanzflosse" der Insel Kos. Sie ist lediglich bis zu ihrem gleichnamigen Hauptort ➍❷ gut angebunden – der Rest der Peninsula wartet mit **einsamen, wunderschönen Landschaften** auf Entdecker. Die Szenerie ist von hohen Bergen und an der Westküste von abgeschiedenen, idyllischen Stränden geprägt. Das Bergdorf Kéfalos gibt sich noch recht traditionell, sieht man einmal von den Restaurants in erster Reihe ab. Es gibt außerdem einen Hafen.

Die Wahl des richtigen Fortbewegungsmittels

Kos lässt sich problemlos innerhalb weniger Tage erkunden, das richtige Fortbewegungsmittel vorausgesetzt. Die **weiteste Entfernung** zwischen der Südwest- und der Nordostküste beträgt nur 40 km Luftlinie. Da die **Straßen** auf den Hauptstrecken gut ausgebaut und wenig kurvig sind, ist es kein Problem, auch weiter entfernte Ausflugsziele in kurzer Zeit zu erreichen. Als **Orientierung** kann die **Hauptstraße** dienen, die von Kos-Stadt bis nach Kéfalos verläuft und von der nach Norden und Süden jeweils **Stichstraßen** zu den Stränden, zu sehenswerten Orten und in die Berge führen.

Mit einem **Mietwagen** (s. S. 115) ist man gut beraten, allerdings muss man diesen mancherorts schon mal stehen lassen und zu Fuß gehen, ge-

⌂ Das Inselinnere: blaue Kirchenkuppeln, sanfte Hügel und Meerblick

Inselsteckbrief

› **Lage:** *Kos liegt in der südöstlichen Ägäis in der ehemaligen Präfektur Dodekanes und ist hinsichtlich der Bevölkerungszahl die zweitgrößte Insel des Archipels nach Rhódos. Flächenmäßig ist neben Rhódos auch Kárpathos größer.*

› **Fläche:** *Die 290 km² Gesamtfläche verteilen sich auf eine langgezogene Insel, die in ihrer Form an einen Fisch erinnert und an ihrer schmalsten Stelle nur etwas mehr als 1,5 km breit ist. Die West-Ost-Ausdehnung beträgt gut 40 km, die Küstenlinie ist 113 km lang.*

› **Einwohnerzahl:** *ca. 33.000 Menschen. Diese verteilen sich recht ungleichmäßig. Während rund zwei Drittel der Bewohner in und um Kos-Stadt wohnen, sind der Süden (bis auf Kardámena ㉚) und der äußerste Westen der Insel nur dünn besiedelt. Größere Siedlungen gibt es ferner an der Nordküste mit seinen Badeorten und im gebirgigen Inselinnern.*

› **Bevölkerungsdichte:** *115 Einw./ km², wobei der Osten etwa sechsmal so dicht besiedelt ist wie der Westen mit der Halbinsel Kéfalos*

› **Höchste Erhebung:** *Berg Díkeos (846 m, s. Wanderung 1, S. 93).*

› **Fähren:** *Kos-Stadt ist wegen des Fährhafens Kos' Tor zur Türkei (s. S. 75) und den Nachbarinseln. Von Mastichári ㉗ gelangt man nach Kálimnos (s. S. 71) und Psérimos (s. S. 74), von Kardámena verkehren Fähren nach Nísiros (s. S. 68).*

› **Religion:** *Die überwiegende Mehrheit der Bevölkerung gehört der griechisch-orthodoxen Kirche an, es gibt aber aufgrund der vielen türkischstämmigen Koer auch muslimische Gemeinden. Die einst blühende jüdische Gemeinde spielt aufgrund des Holocaust leider keine Rolle mehr (s. Synagoge ⑬ in Kos-Stadt und Jüdischer Friedhof ㉑ bei Platáni).*

› **Verwaltung:** *Es gibt drei Gemeindebezirke: Díkeos, Iraklídes und Kos-Stadt. Administrativ untersteht die gesamte Insel der Region Südliche Ägäis mit der Hauptstadt Ermoúpoli auf der Insel Síros. Zum Regionalbezirk Kos gehört auch die Nachbarinsel Nísiros.*

› **Tourismus und Wirtschaft:** *Der Tourismus ist der mit Abstand wichtigste Wirtschaftszweig der Insel. Daneben spielt auch die Landwirtschaft eine wichtige Rolle, insbesondere der Anbau von Gemüse und Obst sowie die Weiterverarbeitung zu Olivenöl und Wein (s. S. 105) sind wichtige lokale Wirtschaftsbereiche.*

◁ *Relikt der Vergangenheit auf der Agorá* ⑨

rade in den Bergen. Ein **Scooter**, das Lieblingsfortbewegungsmittel der Koer, bietet ähnliche Vorteile.

Auf **Fahrrädern** (s. S. 88) lassen sich ebenfalls weite Teile des Eilands erkunden. Meist genügt sogar ein Citybike, vorausgesetzt, man besitzt eine gewisse Grundkondition. Idealerweise leiht man sich jedoch ein **E-Bike** aus – mit einem Ersatzakku im Gepäck erreicht man problemlos auch weiter entfernte Orte.

Daneben haben sich in den letzten Jahren auch ausgefallenere Fortbewegungsmittel etabliert: Mit einem **Quad** oder **Buggy** kommt man überallhin, auch wenn Erstere nicht gerade als sichere Fortbewegungsmittel gelten und Letztere nur gegen relativ viel Geld vermietet werden.

Wer lieber den **Bus** (s. S. 130) nehmen möchte, erreicht auf Kos alle wichtigen Punkte, allerdings ist die Taktung selbst in der Saison nicht ausreichend. Sofern man in Kos-Stadt wohnt, sind die Anbindungen recht gut. Andernfalls muss man bisweilen eine Stunde oder mehr auf den Bus warten. Die meisten Hotels verfügen über Fahrpläne, allerdings wechseln diese häufig.

Wer die Nachbarinseln oder das türkische Festland besuchen möchte, kann entweder **Ausflugsboote** oder die regulären **Fähren** in Anspruch nehmen (Details s. Touren S. 126).

▱ Ausflugsboote verkehren zur Nachbarinsel Kálimnos (s. S. 71)

015ko-as©olezzo – stock.adobe.com

Kos-Stadt und Umgebung

Κως

Kos ist mit knapp 20.000 Einwohnern die mit Abstand **größte Stadt der Insel.** In der **Hafenstadt an der Ostküste** leben rund zwei Drittel der Koer und hier laufen sprichwörtlich alle Fäden zusammen. Obwohl Kos heute ausgesprochen touristisch ist und über viele moderne Bauten verfügt, stolpert man doch förmlich alle paar Meter über steinerne Zeugen der Vergangenheit, denn die Dichte an antiken Bauwerken ist hier am höchsten.

Bereits während der **Spätantike** (s. S. 24) war Kos-Stadt die bedeutendste Siedlung der Insel. Die Stadt ist seit rund 1700 Jahren durchgehend bewohnt, manche gehen sogar davon aus, dass hier schon vor 4500 Jahren Menschen siedelten. Die eigentliche Stadtgründung fand 366 v. Chr. statt, als sich Gemeinschaften auf der Insel dazu entschlossen, hier eine permanente Siedlung zu errichten. Die Struktur dieser Siedlung veränderte sich im Laufe der Jahrhunderte nur geringfügig und hat sich bis heute erhalten.

Mehrfach durch verheerende **Erdbeben** zerstört, wurde Kos-Stadt immer wieder aufgebaut und dank zahlreicher **Ausgrabungen** im 20. Jh. kann man heute sowohl griechische als auch römische Schätze der Vergangenheit bewundern, die sich über das gesamte Stadtgebiet verteilen. Auch die Byzantiner hinterließen ihre Spuren, ebenso wie die Türken, die Italiener und die modernen Griechen.

Noch in den 1970er-Jahren war Kos deutlich kleiner als heute. Erst danach ist die Bevölkerungszahl förmlich explodiert und auf das Doppelte angestiegen, sodass der Ort heute durchaus **Stadtatmosphäre** versprüht und gerade rund um den Hafen ❶ größer wirkt, als er eigentlich ist.

So ist Kos-Stadt eine bunte, lebhafte Inselkapitale, die eine hervorragende **Gastroszene** und das beste **Nacht-**

⌃ *Wenn die Sonne untergeht, blüht die Hafenpromenade von Kos auf*

leben der Insel bietet, die etliche **Hotels** aller Kategorien, zahlreiche **Einkaufsmöglichkeiten,** aber auch **Museen** von Rang ihr Eigen nennen darf. Auch Wasserratten kommen auf ihre Kosten: Im Norden der Stadt finden sich feinste **Sandstrände,** an denen es durchaus mal etwas voller werden kann.

Wer seine Unterkunft nicht in Kos-Stadt bezieht, kann die Inselkapitale gut im Rahmen eines **Tagesausflugs** besichtigen, sodass einem gelungenen, abwechslungsreichen Tag mit Kulturprogramm, Stranderlebnis und gutem Essen nichts im Wege steht.

❶ Hafen (Limáni) ★★ [S. 144]

Λιμάνι

Der Hafen von Kos ist schon seit der **Antike** von Bedeutung. Früher war er mit der Agorá ❾ verbunden, wo die angelieferten Waren gleich verkauft wurden. Heute erstreckt er sich über mehrere Hundert Meter immer entlang der Küste und gliedert sich grob in vier Bereiche:

Der östliche Bereich umfasst einen modernen **Jachthafen** mit einigen netten Lokalen. Von hier nach Westen in Richtung Zentrum spazierend, geht es immer entlang einer schönen **Promenade** bis zum prächtigen Justizpalast ❹, gefolgt von der Festung Neratziá ❷ und dem modernen **Fährhafen,** der den zweiten Teil des Hafens markiert. Hier schließt sich das **Hafenbecken** an, in dem vor allem Ausflugsboote ankern, vorwiegend touristische Restaurants auf Kundschaft warten und Fischer ihre Waren feilbieten. Ein Stück weiter ums Hafenbecken herum folgt schließlich ein kleines **Fährterminal** für die Ausflugsboote in die Türkei (s. S. 75), bevor ein fast 2 km langer **Sandstrand** mit

zahlreichen Beachbars Sonnenanbeter und Wasserratten anlockt.

Seit dem **Erdbeben** von 2017 befindet sich das Hafenbecken in einem schlechten Zustand, da die aufgesprengten Bodenplatten dort, wo die Ausflugsboote anlegen, noch immer auf eine Instandsetzung warten. Auch wenn **einzelne Bereiche abgesperrt** sind, sollte man auch an anderen Stellen aufpassen, da die tückischen Schlaglöcher nicht überall als solche kenntlich gemacht wurden.

❷ Johanniterfestung Neratziá ★★★ [S. 144]

Κάστρο της Νερατζιάς

Fast die Hälfte des eigentlichen Hafenbeckens wird durch die **gigantische Burganlage** aus dem 14. bis 16. Jh. eingenommen. Sie wurde 1514 von den **Johannitern** (s. S. 16) auf den Ruinen einer byzantinischen Stadtbefestigung vollendet. Die Johanniter hatten damals ihren Sitz auf Rhódos und zogen später, nach der Eroberung der Insel im Jahr 1520 durch die Osmanen, nach Malta. In den mittelalterlichen Mauern verbergen sich noch heute zahlreiche antike Überbleibsel. Nach der Burg des Großmeisters auf Rhódos ist dies die bedeutendste Wehranlage der Johanniter auf den Dodekanes.

Sie fußt auf einem **rechteckigen Grundriss** und ist mit **runden Ecktürmen** ausgestattet. Vor der Anlage können noch die Reste eines Zwingers ausgemacht werden. Interessant ist, dass die Burg teilweise sowohl aus Mauerwerk aus antikem Abbruchmaterial als auch aus Ziegelsteinen errichtet wurde. Überhaupt weisen die einzelnen Teile ganz unterschiedliche Bausteine auf: Bruchsteine kamen ebenso zum Einsatz

Der Johanniterorden

Wir schreiben die Zeit der Kreuzzüge. Viel ist nicht bekannt über diese düstere Epoche, in der Christen und Muslime um Jerusalem, das für beide eine heilige Stätte ist, kämpften. Nach einem ersten unorganisierten und glücklosen Versuch, die Heilige Stadt unter christliche Kontrolle zu bringen, machte sich Ende des 11. Jh. ein gewaltiges Heer auf, um Jerusalem zu erobern. Dem christlichen Heer gelang es, die Stadt einzunehmen, wobei sie nicht gerade zimperlich mit Andersgläubigen umgingen. Sogar die Christen in der Stadt waren entsetzt über das Gemetzel, besonders ein gewisser Gerhard Sasso, ein aus Frankreich stammender Benediktinerbruder, der in Jerusalem ein Spital betrieb, in dem Pilger untergebracht waren und Kranke gepflegt wurden - ungeachtet ihrer Herkunft oder ihres Glaubens! Diese Einrichtung war dem heiligen Johannes geweiht, auf ihn geht auch der Name des Johanniterordens zurück.

Der Grundgedanke von Gerhards Philosophie war es, Kranke stets als „Herren" zu behandeln und ihnen die gleiche Pflege zukommen zu lassen, die man auch Christus zuteilwerden lassen würde - ein Prinzip, an dem auch die modernen Johanniter und Malteser noch festhalten und das damals geradezu revolutionär erschien.

Durch die vielen verwundeten Kreuzfahrer hatte Gerhard nicht nur alle Hände voll zu tun, sondern seine Macht und sein Einfluss wuchsen auch beständig. Nicht nur Geistliche im Orient, auch Pilger vermachten ihm viel Geld und Landbesitz in aller Herren Länder, was zu einer schnellen Ausdehnung der Besitzungen und des Einflusses des Ordens führte. Zu dieser Zeit wandelte er sich in den „Souveränen Ritter- und Hospitalorden vom Heiligen Johannes zu Jerusalem" und wurde später vom Papst als Ritterorden anerkannt, genau wie die Kreuzritter oder der Templerorden. Wie jene trugen auch die Johanniter ein Kreuz auf ihren Mänteln: das Malteserkreuz, ein achtspitziges, weißes Kreuz auf rotem Grund, das den Frieden und das Christentum auf dem Blut des Kriegs darstellen und dessen acht Spitzen die acht „Zungen" des Ordens symbolisieren sollten, also die Gebiete, aus denen die Ordensmitglieder stammten.

Bei den Johannitern handelte es sich aber nicht nur um pflegende, sondern auch um wehrhafte Ordensbrüder, denn rasch nach Gerhards Tod im Jahre 1120 entwickelten sie sich zu einer Art Schutztruppe für christliche Pilger, die die beschwerliche Reise nach Jerusalem auf sich nahmen. Dies führte zur Gründung mehrerer Ordensburgen, die auch Steuern eintrieben. Sie und Spenden europäischer Adliger und Pilger machten den Orden schnell reich und es entstand ein weit verzweigtes Netzwerk an Spitälern.

Nach der Einnahme Jerusalems durch muslimische Truppen musste der Orden die Stadt verlassen und ließ sich auf Rhódos nieder, das binnen kürzester Zeit in ein wahres Bollwerk verwandelt wurde. Zu jener Zeit übernahmen sie auch die Kontrolle über Kos, weitere Inseln und die heute türkische Küste, während die Inseln südlich der Dodekanes Venedig und die nördlich davon Genua unterstanden.

▷ Derzeit leider nur von außen zu besichtigen: die Festung Neratziá ❷

Es entstanden Verteidigungsanlagen wie Neratziá ❷, Andimáchia ❸❽ und die Festung von Bodrum (s. S. 75).

1523 wurden die Johanniter jedoch von den Osmanen vertrieben. Das Schicksal des Ordens blieb lange unklar, bis Kaiser Karl V. ihm 1530 Malta und Tripolis (im heutigen Libyen) zum Lehen machte – gegen den durchaus fairen Preis von einem Jagdfalken pro Jahr.

Die Johanniter werden ihren Augen ob der kargen und fast gänzlich unbefestigten Insel Malta kaum getraut und sich vermutlich nach dem grünen Rhódos zurückgesehnt haben, machten sich aber gleich an die Arbeit und befestigten die Insel, so gut es eben ging. Das Osmanische Reich dehnte sich immer mehr nach Westen aus und drohte, den Mittelmeerraum über Jahre militärisch zu kontrollieren. Den Johannitern gelang es aber relativ schnell, eine schlagkräftige Flotte auf die Planken zu stellen und dem Gegner immer wieder militärische Nadelstiche zu versetzen. Das bemerkte schon bald der osmanische Sultan Süleyman der Prächtige, der den Befehl zum Angriff auf Malta gab. 1565 war es dann soweit. 40.000 Osmanen schickten sich

an, den strategisch so bedeutenden Archipel einzunehmen. Ihnen standen knapp 1000 Ordensritter und eine 8000-Mann-Truppe gegenüber. Wie durch ein Wunder konnte das kleine Archipel gehalten werden, auch weil die Eroberer durch Krankheit, Hunger und Durst geschwächt waren und ein Entsatzheer als viel zu schlagkräftig einschätzten.

Ironie der Geschichte: Letztlich waren es nicht die Osmanen, die ihre Erzfeinde von Malta vertrieben, sondern das christliche Frankreich, das die Ordensherrschaft der Johanniter auf Malta 1798 beendete. Der Orden, der übrigens damals mit Ferdinand von Hompesch unter Führung eines Deutschen stand (bis dato zum einzigen Mal), musste Malta verlassen.

Auch heute noch wird der Johanniterorden von vielen Staaten als völkerrechtliches Subjekt anerkannt und unterhält diplomatische Beziehungen zu zahlreichen Ländern. Und die Grundprinzipien des Ordens? Sie leben noch heute bei uns fort: Die Johanniter-Unfallhilfe (evangelisch) und der Malteser-Hilfsdienst (katholisch) machen genau das, wofür Gerhard Sasso einst einstand.

017ko-as@r_andrei - stock.adobe.com

016ko-as©imagiN photography - stock.adobe.com

wie unterschiedliche Mauertechniken, sodass insgesamt ein **eklektischer Gesamteindruck** entsteht. Dass für den Bau der Festung die Ruinen des Asklepios-Heiligtums abgetragen wurden, ist aus heutiger Sicht sehr schmerzlich. Wer genau hinsieht, wird an manchen der antiken Quader noch die Steinmetzzeichen der einzelnen Werkstätten erkennen können. Über dem äußeren Bering (Ringmauer) kann man noch heute gut das antike **Maskenfries** ausmachen, darüber thront das **Wappen** des Johanniterordens mit der Jahreszahl 1510. In der Anlage finden sich aufgrund der langen Bauzeit mehrere solcher Wappen.

Der sogenannte **Löwenturm** neben dem Tor zur Kernburg erinnert in seiner Ausführung an eine Burg in Syrien, die die Ritter im 13. Jh. dort errichtet hatten.

Nach oder vor der Besichtigung lohnt ein **Spaziergang rund um die Festung,** um deren Ausmaße besser begreifen zu können: Hierzu geht es entlang der Marina zum Fährhafen und anschließend am Kiesstrand entlang – gerade frühmorgens bei Son

nenaufgang oder in den Abendstunden ein echtes Erlebnis.

❯ Um zur Festung zu gelangen, muss man zunächst zur Platane des Hippokrates auf den Platía Plátanou ❸ , von wo eine Brücke auf das Areal führt. Leider ist die Festung **wegen des Erdbebens vom 21. Juli 2017 noch immer geschlossen.** Tel. 2242027927.

❸ Platía Plátanou und Platane des Hippokrates ★★   [S. 144]

Πλατεία Πλατάνου και Πλάτανος του Ιπποκράτη

An kaum einem anderen Ort auf Kos kann man so gut die bewegte Geschichte der Insel nachvollziehen wie auf dem Platía Plátanou: Griechische Geschäftigkeit vermischt sich hier mit steinernen Zeugnissen aus der osmanischen und der italienischen Epoche.

◹ *Diese Brücke verbindet Platía Plátanou und Johanniterfestung* ❷

◺ *Das Erdbeben von 2017 hat auf dem Platz seine Spuren hinterlassen*

Unweit der Festung Neratziá ❷ befindet sich ein uralter Baum, der angeblich von Hippokrates gepflanzt wurde und der daher den Namen **Platane des Hippokrates** trägt (zum berühmten Namensträger s. S. 36). Auch soll hier der **Apostel Paulus** während seines Aufenthalts auf Kos gepredigt haben. Seit jeher übt der Baum eine mystische Wirkung aus. Heute zählt er zu den meistbesuchten Sehenswürdigkeiten der Insel. Da stört es die meisten nur wenig, dass Wissenschaftler die Platane nur auf maximal 500 Jahre datieren ... Mittlerweile ist der Stamm, der die 12 m Durchmesser zählende Baumkrone trägt, innen hohl. Dennoch wachsen noch immer Blätter am Baum, dessen Äste mit einer aufwendigen Eisenrohrkonstruktion vor dem Herunterfallen bewahrt werden. Ein hellenistisches Grab unterhalb des Baums wurde später von den Osmanen in einen **Brunnen** umgewandelt – noch heute zeugt hiervon eine arabische Inschrift, die über den Bau der benachbarten Moschee informiert.

Die **Hadji-Hassan-Moschee** (auch bekannt als **Loggienmoschee**) aus dem Jahr 1786 (1200 nach muslimischer Zeitrechnung) ist eines der prächtigsten Zeugnisse aus der osmanischen Epoche auf Kos. Sie wurde von Gazi Hassan Pascha in Auftrag gegeben, dem damaligen osmanischen Oberbefehlshaber über Kos und seine Nachbarinseln. Früher befand sich hier eine dem hl. Georg geweihte Kirche, deren Steine teilweise für den Bau der Moschee verwendet wurden. Das Aussehen ist für eine Moschee eher ungewöhnlich, Loggien und Rundbögen bestimmen die schmucke Fassade. Auch findet sich hier keine Kuppel, sondern ein ganz normales Dach. Besonders schön ge-

staltet ist der erhöhte, überdachte Eingangsbereich, dessen Decke sich farblich vom Rest des Gebäudes abhebt. Dieser Eingang war einst nur hohen Würdenträgern vorbehalten, die auf diese Weise direkt in den Betsaal gelangen konnten, während einfache Gläubige einen Seiteneingang nutzten. Über 60 Fenster sorgten im Innern für eine helle, freundliche Atmosphäre.

Ein eklektischer **Marmorbrunnen**, welcher der rituellen Säuberung vor dem Gebet diente, errichtet im selben Jahr wie die Moschee, bestimmte noch bis vor wenigen Jahren das Aussehen des Platía Platánou. Beim **Erdbeben 2017** stürzte leider ein Teil des Brunnens ein, seitdem wartet er auf seine **Restaurierung**. Er besaß 14 Seiten und eine **Kuppel**, die auf sieben korinthischen Säulenbögen thronte, was man noch heute gut erkennen kann.

018ko-mb

019ko-mb

④ Justizpalast (Palazzo di Giustizia) ★★ [S. 144]

Δικαστικό Μέγαρο

Der Justizpalast ist das wohl schönste Gebäude, das die **Italiener** während ihrer Herrschaft über die Insel hinterlassen haben. Das hübsche Verwaltungsgebäude wurde 1925 von Florestano Di Fausto entworfen. Es handelt sich um einen typischen Vertreter der eklektizistischen italienischen Bauweise jener Zeit, wie man sie auf Kos und den Nachbarinseln, insbesondere auf Kálimnos, häufig vorfindet. Die lateinische **Inschrift** „Legum omnes servi sumus" („Wir sind alle Diener der Gesetze") deutet auf seine Funktion als Sitz des Gouverneurs, der Polizei und des Gerichts hin. Auch heute noch ist hier die **Polizei** zu Hause und es wird **Gericht** gehalten. Da die Türen bei griechischen Verhandlungen meist offenstehen, kann man vom Gang aus einmal hautnah eine Verhandlung miterleben oder selbst im Saal Platz nehmen.

Einige Schritte entlang der Uferpromenade gen Süden stößt man auf Reste der alten **Stadtmauer** und das ehemalige Haus des Inselgouverneurs Francesco Sans ⑥ aus dem Jahr 1514, das unter türkischer Herrschaft als Kaffeehaus genutzt wurde.
❯ Platía Platánou

Leider wurde auch die **Moschee** selbst während des Erdbebens arg in Mitleidenschaft gezogen, auch sie **kann derzeit nicht besichtigt werden**. Sie diente jedoch schon lange nicht mehr als Betstätte, da der obere Bereich aus konservatorischen Gründen bereits vor dem Beben gesperrt war. Vorher boten Händler im unteren Bereich ihre Waren feil. Ob dies weiterhin so bleibt, ist derzeit noch unklar.

Neben der Moschee kann man noch einige sehenswerte muslimische **Grabstelen** ausmachen, die Gott sei Dank unversehrt blieben.

Die beiden **Kanonen**, die an der Fußgängerüberführung stehen, die über die Hauptstraße zur Johanniterfestung ❷ führt, sind heute ein beliebtes Fotomotiv, allerdings sind sie nicht original, sondern eine Spende des Lions Club aus dem Jahr 2000.

An der **Ostseite** des Platzes steht der Justizpalast ④, der erst von der Vorderseite seine ganze Pracht entfaltet.

⌂ *Bedeutendstes Gebäude aus der Zeit der italienischen Besatzung: der imposante Justizpalast*

▷ *Gut erhalten: der historische Hamam*

❺ Hamam ★　　　　[S. 144]

Χαμάμ

Direkt neben dem Platía Platánou ❸ befindet sich das hervorragend erhaltene **osmanische Frauen-Badehaus.** Es existiert seit mindestens Mitte des 17. Jh., befindet sich knapp innerhalb der alten Stadtmauer und war noch bis in die Zeit nach dem Zweiten Weltkrieg in Betrieb. Danach wurde es als **Salzlager** genutzt, weshalb es auch heute noch oft als *apothíki* (Depot) bezeichnet wird.

Der Bau besitzt einen schönen, hohen Eingangsbereich. Über 300 m² verteilen sich ein Warm- und ein Heißbaderaum sowie mehrere kleine Bäder mit Brunnen. Das Gebäude wurde beim Erdbeben 1933 fast vollständig zerstört, aber da damals private Badezimmer eine absolute Ausnahme auf der Insel waren, wurde es aus Sorge um die öffentliche Hygiene von den italienischen Verwaltern schnell wiederaufgebaut.

Bei einem Gang durch das kleine Gebäude gewinnt man einen Eindruck von der damaligen **Badekultur,** die im osmanischen Kulturkreis stets mehr umfasste als den bloßen Reinigungsvorgang: Vielmehr wurde hier über Gott und die Welt gesprochen, weshalb derartigen Anlagen immer auch eine wichtige soziale Funktion zufiel.

❯ od. Aktí Miaoúli, geöffnet: Di.–So. 10.30–17 Uhr, Eintritt frei

❻ Haus von Francesco Sans ★　　[S. 144]

Οικία του Κομεντόρη Francesco Sans

Das steinerne Haus in unmittelbarer Nachbarschaft zur Johanniterfestung Neratziá ❷ und dem Justizpalast ❹ diente einst als Residenz des johannitischen Oberbefehlshabers Francesco Sans. Über dem **Südeingang** kann man heute noch gut sein **Wappen** und das des Johanniter-Großmeisters Fabrizio del Carretto erkennen, auch das Baujahr 1514 ist hier ausgewiesen. Leider kann das Gebäude nicht von innen besichtigt werden.

Das schmucke steinerne **Nikólaos-Tor** daneben fügt sich nahtlos in das Bild ein, stammt aber nicht aus jener Epoche, sondern wurde von den Italienern in den 1930er-Jahren errichtet, um den Übergang vom Hafen zur antiken Agorá ❾ schöner zu gestalten – ein historisch zweifelhaftes, wenngleich optisch durchaus gelungenes Unterfangen.

❯ od. Aktí Miaoúli

❼ Kirchen Ágios Geórgios und Ágios Ioánnis Náfkliros ★ [S. 144]

Άγιος Γεώργιος και Άγιος Ιωάννης Ναύκληρος

Vom Haus von Francesco Sans ❻ ist es nur ein Steinwurf zu den nächsten Sehenswürdigkeiten, zwei charmanten, kleinen Kirchen.

Die strahlend weiße **orthodoxe Georgskirche**, die nur sporadisch geöffnet ist, ist spätbyzantinisch und verfügt über eine mächtige rote Kuppel. Die Kirche war Teil eines Schulkomplexes, der am 23. April 1933 durch das große Erdbeben zerstört wurde. Wie durch ein Wunder blieb die Kirche komplett verschont – möglicherweise hatte der heilige Georg ja selbst etwas dagegen, denn am 23. April wird sein Patronatsfest (s. S. 102) gefeiert.

Unmittelbar daneben befindet sich das **Grab von Erzbischof Gerásimos** aus dem Jahr 1838 und dessen Mutter, die während einer Pestepidemie starb, die Anfang des 19. Jh. über die Insel hereinbrach.

Neben der Georgskirche steht die kleine, ehemals **katholische Johannes-Naukleros-Kirche** aus dem 15. Jh. Zu Zeiten der Johanniterherrschaft (s. S. 16) war sie einem anderen Johannes geweiht, nämlich Johannes dem Täufer, dem Schutzpatron und Namensgeber des Ordens. Sie ist heute einem Heiligen geweiht, der einst nicht weit von hier auf dem Festland von den Osmanen „verhext" wurde und deshalb zum Islam übertrat, wie es die orthodoxe Überlieferung berichtet. Nachdem er seinen „Fehler" eingesehen hatte, schwor er dem neuen Glauben ab und wurde gemäß damals gültigen Gesetzen für seine Apostasie vom Islam mit dem Tod auf dem Scheiterhaufen bestraft.

Das Kirchengebäude verfügt über eine schöne Kuppel und zwei Eingänge. Errichtet wurde es ursprünglich am Ort eines **Aphrodite-Heiligtums,** wurde jedoch 1943 (mitten im Zweiten Weltkrieg!) unter großem technischen Aufwand Stein für Stein abgetragen und hierhin versetzt. Hierzu wurden alle Steine einzeln nummeriert, was man auch heute noch im Innern an einigen Stellen ablesen könnte, wäre das kleine Gotteshaus nicht **meist verschlossen.** Auch das kleine, versiegelte **Taufbecken** vor der Kirche ist erhalten.

❯ od. Aktí Miaoúli

◁ *Etwas versetzt von der Hafenpromenade steht die charmante Georgskirche, die das Erdbeben von 1933 wie durch ein Wunder überstand*

❽ Kirchenmuseum (Ekklisiastikó Mousío) ★ [S. 144]

Εκκλησιαστικό Μουσείο

Im Herzen der Stadt lockt seit 2016 dieses kleine **Museum der Mitrópolis von Kos und Nísyros.** Das schöne Gebäude wurde im 19. Jh. errichtet und beim Erdbeben 2017 schwer beschädigt, aber schon nach wenigen Monaten stand es Besuchern wieder offen. Bevor es als Museum umgestaltet wurde, befand sich hier der Sitz des Metropoliten (Oberbischofs). Zu sehen sind byzantinische und moderne **Ikonen, Messgegenstände,** kunstvolle Metropoliten-Mitren (Hüte), Gesangbücher, Gewänder, Weihrauchschalen sowie **Gemälde** und kostbare Kirchenbücher.

❯ Leof. Ippokrátous, www.imkn.gr (nur auf Griechisch), geöffnet: Do. 10 – 14 und 17 – 20 Uhr, Eintritt: 5 €

◁ *Blick von der Agorá auf die Türme der Hadji-Hassan-Moschee (s. S. 19)*

❾ Agorá ★★★ [S. 144]

Αγορά

Einst war die Agorá, der Markt- und Versammlungsplatz von Kos, das Herz der Stadt. Sie zählte gar zu den größten der griechischen Welt und erstreckte sich von den Resten, die man noch heute sehen kann, bis zum Hafen ❶*.*

Fast 20 Gebäude schmückten den Platz: Von Tempeln bis zu Handwerksbetrieben gab es hier fast alles. Die Anlage maß einst 150 mal 80 Meter und war sowohl das ökonomische als auch das soziale Zentrum der Stadt.

Archäologen gehen heute von **drei Bauphasen** aus, die, angefangen vom 5./4. Jh. v. Chr., fast 1000 Jahre Bautätigkeit umspannen, ehe die Agorá, die bereits 142 n. Chr. zerstört und wiederaufgebaut worden war, erneut Opfer eines verheerenden Erdbebens wurde. Heute ist vor allem der **Nordteil** der Anlage gut erhalten.

Nach dem Erdbeben des Jahres 142 wurden luxuriöse **Umbauten** vorgenommen: Eine Marmortreppe führte fortan von hier zum Hafen, außer-

Kos in der Antike

Die Gründung der Stadt Kos im Jahre 366 v. Chr. durch verschiedene Siedlergruppen markierte den Aufbruch in eine ungewisse Zukunft, gerade weil Küstenorte damals häufig den Angriffen von Piraten und anderen Feinden ausgesetzt waren. Dennoch erwies sich dieser Schritt als Glücksfall nicht nur für den Ort, sondern für die gesamte Insel, denn seither konzentriert sich die Inselwirtschaft auf Kos-Stadt und vor allem auf seinen Hafen ❶.

In der Folgezeit entstand ein unter damaligen Gesichtspunkten hochmodernes System von Gebäudeblocks (lat. „insulae"), die einzelne Straßen voneinander abtrennten, was einen wirksamen Schutz vor Feuerkatastrophen bedeutete. Die Siedlung entwickelte sich vom Hafen aus über den Hügeln von Serayia. Schon früh war sie von einer mächtigen Mauer umgeben, die 3 oder 4 km lang war. Zur Zeit des Hellenismus zählte die Siedlung bereits rund 300 Großfamilien inklusive Sklaven und war somit sogar größer, als alle anderen Orte auf Kos (abgesehen von der Hauptstadt) heute sind. Die Menschen bewohnten meist zweistöckige Häuser aus Stein, oft befanden sich unten Geschäfts- oder Handwerksräume. Die Reste solcher Häuser können noch heute auf der Agorá ❾ besichtigt werden.

Besucher sahen damals bei der Einfahrt in den Hafen zunächst das große Asklepios-Heiligtum, das diesen dominierte. Im 4. oder 3. Jh. vor Chr. kam dann die Agorá hinzu. Um sie gruppierten sich mehrere Tempel, Geschäfte und Handwerksbetriebe, hier pulsierte das Leben. Beim Erdbeben im Jahr 142 n. Chr. wurden viele Gebäude zerstört, dies bot aber auch die Chance auf eine Neugestaltung der Stadt, die nach römischem Vorbild erfolgte. Ein Wasserkanalsystem wurde damals ebenso angelegt wie Drainagekanäle, die unterhalb der Straßen verliefen und das Wasser Richtung Meer abfließen ließen. Auch ein Stadion, Thermen, das Odeon ⓭ und das Casa Romana ⓰ entstanden zu jener Zeit.

Kos-Stadt war in der Antike ein wichtiges Drehkreuz für Waren. Damals überwog die Landwirtschaft, berühmt war die Insel aber vor allem für ihre verarbeiteten landwirtschaftlichen Produkte: Besonders Wein, Farben, Wolle und Seide aus Kos genossen einen Ruf, der weit über die östliche Ägäis hinausreichte.

Der Aufschwung von Kos flachte jedoch im Laufe der Jahrhunderte ab. Stadt und Insel wurden zum Spielball fremder Mächte, ehe Kos über Jahrhunderte von den Byzantinern kontrolliert wurde, für die Kos-Stadt eine eher unwichtige Provinzstadt blieb, weshalb aus jener Zeit auch nur wenige Bauten erhalten blieben.

◁ *Wiederaufgerichteter Torbogen auf der Agorá* ❾

023ko-mb

dem entstand ein prächtiger Tempel. Später befand sich auf dem Gelände der Agorá auch eine der Muttergottes geweihte frühchristliche Kirche. Das Areal war noch bis zum großen **Erdbeben** von 1933 bewohnt, auf den alten Ruinen standen gewöhnliche Wohnhäuser, die meisten davon stammten aus dem Mittelalter. Nach dem Beben traten dann die Ruinen der alten Agorá zutage; sofort begannen intensive Ausgrabungen und konservatorische Arbeiten.

Zutage traten damals die Reste einer **Kirche,** mehrerer heidnischer **Tempel** und einer dorischen **Stoa,** also einer Säulenhalle, deren Säulen heute teilweise wieder aufgerichtet sind. Gut erkennbar sind außerdem die Reste der damaligen **Stadtmauer.**

Einige der aufgestellten **Infotafeln** enthalten Pläne der antiken Anlage und vermitteln einen guten Eindruck von der damaligen Größe der Agorá.

❯ geöffnet: Di.–So. 8–15 Uhr (nicht immer sind alle **vier Eingänge** offen), Eintritt frei. Ist die Anlage geschlossen, lassen sich viele nicht davon abhalten, am Eingang an der Nordseite den kleinen Sprung über das Mäuerchen zu wagen.

⑩ Platía Eleftherías (Freiheitsplatz) ★★★   [S. 144]

Πλατεία Ελευθερίας

Der bedeutendste Platz in Kos-Stadt ist die repräsentative Visitenkarte der stolzen Gemeinde. Hier befinden sich gleich mehrere architektonische Highlights und der Ort versprüht italienisch-griechisches Flair.

⌂ *Markantes Gebäude am Freiheitsplatz: einst Sitz des Büros der faschistischen Partei Italiens, heute Heimstätte eines Kinos (s. S. 26)*

Im **Süden** wird der Freiheitsplatz von der imposanten **Markthalle** (Dimotikí Agorá, s. S. 45) abgeschlossen, die neben zahlreichen landwirtschaftlichen Produkten auch Souvenirs anbietet und heute von Touristen wie Einheimischen gern besucht wird. Früher wurde das gesamte Gebäude von Marktständen eingenommen, heute sind in den Seitenflügeln Restaurants untergebracht.

Den östlichen Abschluss des Platzes bildet die **Defterdar-Moschee.** Sie ist nach einem osmanischen Politiker benannt, der sie hier im Jahr 1725 errichten ließ. Früher war die muslimische Gemeinde auf Kos recht groß, heute hat sich die Zahl ihrer Mitglieder stark reduziert. Die Defterdar-Moschee dient daher nicht mehr als Betstätte. Beim Erdbeben 2017 wurde sie stark beschädigt, unter anderem

stürzte das Minarett ein. Die Renovierungsarbeiten schreiten leider nur
langsam voran.

Im **Norden** dominiert die imposante Fassade des Archäologischen Museums **11** die Szenerie. Den **westlichen Abschluss** des Platzes bildet
das Verwaltungsgebäude mit der
Fahne auf dem Dach, das genau wie
das Archäologische Museum in den
1930er-Jahren entstand und damals das lokale Büro der faschistischen Partei Italiens und ein Kino be-
herbergte. Das **Kino** gibt es noch immer, außerdem befindet sich hier ein
Archiv.

11 Archäologisches Museum (Archeologikó Mousío) ★★★ [S. 144]

Αρχαιολογικό Μουσείο

Eines der dominierenden Gebäude
am Freiheitsplatz **10** ist das Archäologische Museum. Es stammt aus dem
Jahr 1936 und entspricht ganz dem
Monumentalstil aus der Zeit des italienischen Faschismus, der sich durch
seine nüchterne, moderne Gestal-
tungsweise auszeichnet.

Durch den monumentalen Frontbe-
reich mit seinen drei Eingängen, über
denen ein Portikus mit zwei Balko-
nen an der Seite thront, gelangt man
in die bedeutendste Ausstellung der
Insel.

Innen wird das Gebäude vom **Peris-
tyl-Atrium** dominiert. Hier ist u. a. das
berühmte **Asklepios-Mosaik** ausgestellt. Es stammt aus der römischen
Villa in Serayia und zeigt die Ankunft
des Gottes der Heilkunst auf Kos,
dargestellt in Form einer Szene, in
der Asklepios das Schiff gerade verlässt und an Land geht. Links ist Hippokrates (s. S. 36) und rechts ein
Koer zu sehen, die ihn begrüßen.
Eingerahmt ist die Szene von wunderschönen Ornamenten. Um das
Mosaik findet sich eine Gruppe hervorragend erhaltener **Skulpturen**, darunter ein sitzender Hermes aus dem
2. Jh. v. Chr.

Links vom Atrium sind weitere Statuen zu sehen, darunter ein überle-
bensgroßer Hippokrates. In der ge-
genüberliegenden **Halle** wird über
anatolische und orientalische Gottheiten informiert, die die Koer früher
anbeteten. Hier sind ferner Funde

aus dem Asklepieion ㉔ ausgestellt, darunter kleine Statuetten.

Im **Obergeschoss** sind in der West- und Südgalerie teils herausragend erhaltene **Fundstücke** zu sehen, die **von der Prähistorie bis zur Klassik** reichen und einen umfassenden Einblick in das Alltagsleben der Koer zu jenen Zeiten ermöglichen, darunter Waffen, Tonschalen, Münzen und Schmuck. In der Ostgalerie finden sich zahlreiche Grabbeigaben, darunter aufwendig gestalteter Goldschmuck, Statuetten und Tongefäße.

Alle Objekte sind auch auf **Englisch** beschrieben, darüber hinaus bieten kleine **Infofilme** weitere Informationen.

❯ Platía Eleftherías, http://odysseus.cul ture.gr/h/1/eh155.jsp?obj_id=3410, geöffnet: Di.–So. 8–20 Uhr, Eintritt: 6 €, erm. 3 €, Fotografieren verboten

⑫ **Fórou-Tor (Pórta tou Fórou)** ☆   **[S. 144]**

Πόρτα του Φόρου

Der kleine Platz hinter der Defterdar-Moschee und dem Archäologischen Museum ⑪, der heute nahtlos in den Platía Eleftherías ⑩ übergeht, beheimatete einst einen Basar, bis dieser durch das Erdbeben 1933 teilweise zerstört wurde. Aus dem Mittelalter haben sich die mächtigen Reste des wunderschön bewachsenen Fórou-Tors erhalten, das den **Zugang zum christlichen und muslimischen Stadtteil** bildete, die sich einst hier befanden und außerhalb der Stadtmauern lagen.

◁ *Unbestritten das wichtigste Museum der Insel: das Archäologische Museum auf dem Freiheitsplatz*

Heute bildet das Tor **einen der vier Zugänge zur antiken Agorá** ❾. Hier mussten früher Händler ihre Steuern entrichten. Von der Ausbuchtung konnte bei Bedarf siedendes Öl oder Pech herabgeschüttet werden, allerdings geschah dies wohl nur bei Angriffen auf die Stadt und nicht, wenn jemand seine Steuern nicht entrichten konnte ...

❯ Platía Eleftherías

⑬ **Synagoge** ☆   **[S. 144]**

Συναγωγή

Die Synagoge von Kos (das Wort stammt übrigens aus dem Altgriechischen und bedeutet „Zusammenkunft" oder „Versammlung") befindet sich mitten im Epizentrum des Nachtlebens der Stadt. Die **Wurzeln der jüdischen Gemeinde** reichen Jahrhunderte zurück, wobei dieses Gebäude erst nach der Zerstörung des Vorgängerbaus beim Erdbeben 1933 errichtet wurde. Tragischerweise war die Synagoge nicht lange in Benutzung, denn nach der Einnahme der Insel durch deutsche Truppen im Jahr 1944 wurde die gesamte jüdische Gemeinde deportiert und ermordet, womit ihre rund 400-jährige Geschichte ein jähes Ende fand. Heute dient das Gebäude als **Kulturzentrum**.

❯ od. Nafklírou

⑭ **Kirche Agía Paraskeví** ☆☆   **[S. 144]**

Αγία Παρασκευή

Die **wichtigste Kirche von Kos-Stadt** steht zentral im Herzen der Gemeinde unweit des Freiheitsplatzes ⑩. Sie stammt aus den Jahren 1931 und 1932, wirkt aber äußerlich viel älter und wurde von ausgewanderten Ko-

026ko-mb

ern aus den USA finanziert. Der italienische Architekt Orsini gestaltete den Bau. Im **Innern** erwartet den Besucher eine überbordende **goldene Pracht**.

Sehenswert ist auch der **überwucherte Torbogen** in dem **kleinen Park** neben dem Gotteshaus. Er war einst Teil des Hauses von Asklepios, wo man mehrere schöne Bodenmosaike fand, darunter das berühmte Mosaik, das Hippokrates bei der Ankunft auf Kos zeigt. Heute ist es im Atrium des Archäologischen Museums ⑪ ausgestellt.

Aufgrund des **Erdbebens** von 2017 ist die Kirche derzeit leider **nicht zugänglich**. Die Schäden sind an der Rückseite der Kirche gut erkennbar. Wann sie wieder geöffnet wird, steht noch nicht fest.

❯ Platía Eleftherías

⑮ Archäologische Promenade (Archeologikós Perípatos) ★★ [S. 144]

Αρχαιολογικός Περίπατος

Die Archäologische Promenade stellt ein beeindruckendes Ensemble antiker Ruinen dar, deren Bandbreite von hellenistischen über römische bis hin zu frühchristlichen Bauten reicht und die man heute bequem im Rahmen eines kleinen Spaziergangs besichtigen kann.

Los geht es beim **Bronzehaus**. Kurz vor dem Zweiten Weltkrieg entdeckte man dieses einst zweistöckige Gebäude. Es gehörte vermutlich einer reichen Familie und verdankt seinen

⌂ *Leider ist die Paraskeví-Kirche* ⑭ *derzeit nicht zugänglich*

Namen einem Schatz aus Bronzestatuen und Münzen, die man hier fand. Die gut erhaltenen **Statuen** aus dem 3. Jh. n. Chr. zeigen Ares und Aphrodite-Isis sowie Demeter-Isis. Sie geben Auskunft darüber, dass die Menschen auf Kos auch noch unter römischer Herrschaft orientalische Gottheiten anbeteten, in diesem Fall die ägyptische Gottheit Isis, und diese mit den „neuen" Göttern vermischten. Die Funde können im Archäologischen Museum ⓫ bestaunt werden.

Der **Südteil der antiken Agorá** schließt sich östlich an das Bronzehaus an. Im 2. Jh. wurde die Agorá umgestaltet, danach entstand dieser heute gut einsehbare Teil. Bis heute ist unklar, welchem Zweck der monumentale Bau diente, der sich hier einst befand. In den 1930er-Jahren fand man eine Inschrift, die die Koer anlässlich einer Getreidelieferung während einer Hungersnot hinterließen, um mehreren thessalischen Städten zu danken. Außerdem entdeckte man Mosaike, die unter anderem einen Mann zeigen, der gegen eine Bestie kämpft.

Auf der anderen Straßenseite befinden sich die **Ruinen der West-Stoa der Agorá** aus dem 4. und 3. vorchristlichen Jahrhundert, die einst über 85 m bis zum Bronzehaus erstreckte. Später umgebaut und mit einem Sockel versehen, fanden sich hier zudem Säulen aus weißem Marmor. Auch die Reste eines Tholos, eines runden Sakralbaus, kann man hier ausmachen. Leider wurde das Gebäude, das möglicherweise auch Begräbniszwecken diente, im Laufe der Zeit immer weiter abgetragen. Seine Steine wurden für den Bau anderer Gebäude verwendet – ein Schicksal, das es mit zahlreichen weiteren antiken Bauten der Insel teilt.

Am Ende der Promenade zeigt eine moderne **Statue** den **Ringkampf zwischen Herakles und Antagoras**. Der koische Schafhirte wurde von Zeus' Sohn aufgefordert, ihm einen Widder auszuhändigen. Antagoras weigerte sich und forderte Herakles zu einem Ringkampf um den Widder heraus. Tatsächlich gewann Antagoras den Kampf und Herakles musste schließlich fliehen.

Wenige Meter weiter geht es ein kleines Stück nach Süden. Hier sind die nachgestellten **Grundrisse eines Säulengangs** zu sehen, der einst zu einem langgezogenen Wirtschaftsgebäude gehörte. Ein Stück weiter ist ein **Tempel** aus der Attaliden-Zeit (3.–2. Jh. v. Chr.) zu erkennen. Von dieser Anlage aus dem 2. Jh. v. Chr. ist heute allerdings nur noch das Podium erhalten, die steinernen „Inseln" drumherum dienten einst als Opferaltäre. Eine Zeichnung auf einer **Infotafel** verdeutlicht, wie der Tempel einst ausgesehen haben könnte.

Der monumentale **Altar des Dionysos** daneben beschließt den kleinen Spaziergang. Leider ist auch von ihm nicht mehr viel zu sehen, lediglich die Stufenplattform ist erhalten. Hier wurden aller Wahrscheinlichkeit nach Tieropfer für den Gott des Weines dargebracht. Man fand auch Reste eines Frieses, das als Baudatum Mitte des 2. Jh. v. Chr. ausweist und den dorischen Tempel als Dionysos geweiht zu erkennen gibt. In späteren Jahrhunderten überbaut, bedienten sich auch hier die Johanniter (s. S. 16) an den Steinen der Anlage, um Verteidigungsanlagen zu errichten.

❯ od. Agíou Nikoláou. Die meisten Teile sind eingezäunt und können nicht betreten werden, sind aber von der Straße aus gut zu sehen, die rund um die Uhr zugänglich ist.

⑯ Casa Romana ★ ★ ★ [S. 144]

Ρωμαϊκή Οικία

Das Casa Romana ist ein bedeuten-
des Beispiel römischen Lebens in
der Spätantike auf Kos (s. S. 51).
Die sehr gut erhaltene Anlage wur-
de behutsam rekonstruiert und in ei-
nen modernen Bau integriert, sodass
man heute fast wie damals durch das
Gebäude wandeln kann. Nirgendwo
auf der Insel finden sich so gut er-
haltene Mosaike wie hier. Wer einen
Einblick in das Leben in der Antike
bekommen möchte, sollte einen Be-
such nicht verpassen.

Das Gebäude wurde von 1933 bis
1936 von den Italienern ausgegra-
ben, die es 1938 bis 1940 rekonstruierten. Es umfasst heute wie damals
eine Fläche von 2300 m², muss also
einer reichen **Aristokratenfamilie** gehört haben, auch wenn über diese
nichts bekannt ist. Das Casa Romana wurde nach dem Erdbeben 142
n. Chr. errichtet, allerdings stand hier
schon ein Vorgängerbau. Im 4. Jh.
wurden bedeutende Umbauten vorgenommen. Aus dieser Zeit stammen
die bestens erhaltenen **Fußbodenmosaike**. Nach einem weiteren Erdbeben 365 n. Chr. wurde das Gebäude
nur noch teilweise bewohnt und später ganz aufgegeben.

Am Eingang begrüßt den Besucher,
der sich für die **Besichtigung mindestens eine Stunde Zeit** nehmen sollte,
ein **Altar**, der in der Antike dazu diente, böse Geister abzuhalten (Apa-
leksíkakos). Gleich daneben informiert ein **Modell** über das ursprüng-
liche Aussehen des Hauses.

Als Nächstes betritt man das groß-
zügige **Atrium** mit dem schönen Mosaik eines Löwen, der eine Hirschkuh
reißt. Die nachfolgende **Eingangshal-
le** birgt gut erhaltene Mosaike von Fi-

schen, auch der sie umgebende Mar-
morfußboden ist in gutem Zustand.
Im Bereich rechts neben dem Atrium wird über den Glauben der Koer
in der Antike informiert, außerdem
sind hier Münzfunde und Statuetten
ausgestellt.

Im kleinen **Säulengang** um den nun
folgenden Innenhof hat sich ein **Was-
serreservoir** erhalten. Auch der Mosaikfußboden mit dem Fabelwesen
und den Leoparden ist gut zu erkennen, außerdem sind die Nachbildungen einiger antiker Statuen zu sehen.
Im Raum dahinter wurden einst Sym-
posien abgehalten, im Fußboden in
der Mitte befindet sich eine schöne
Marmorarbeit mit aufwendigen Ornamenten. Der Raum links enthält zwei
gut erkennbare **Wandmalereien**, die
Forschern bis heute Rätsel aufgeben.
Was möchte der junge Mann mit
den ausgebreiteten Armen neben der
Tür und der Mann, dessen Füße zu
erkennen sind, dem Betrachter wohl
sagen?

Um den folgenden **Innenhof** gruppieren sich **mehrere Räume**, die
einst für Bankette genutzt wurden.
Der größte von ihnen besitzt einen
Mosaikfußboden mit Marmorintarsi-
en, um den sich einst mehrere Tisch-
lager befanden. Im Raum links davon
sind gut erhaltene Gegenstände ausgestellt, die der weiblichen Schön-
heitspflege dienten. Rechts ist ein
schönes Mosaik eines Leoparden
oder Löwen zu sehen, rechts daneben befand sich ein Bad.

Auf der **Stirnseite** kann man das
Haus kurz verlassen und ein wenig
durch die **Ruinen** des nicht rekonstruierten Gebäudeteils flanieren. Wieder zurück im Innenhof, der einst als
Garten diente, geht es links zu einem
Raum mit Essgeschirr sowie Trans-
port- und Lageramphoren. Auch der

Raum rechts davon birgt ein schönes Raubtiermosaik. Daneben geht es in die Küche, in der man den antiken Ofen bestaunen kann. Über eine **Treppe** gelangt man in das **Obergeschoss**, wo sich ein **reizvoller Blick** auf den Innenhof eröffnet.

> Leof. Grigoríou V, geöffnet: Di.–So. 8–20 Uhr, Tel. 2242028326, Eintritt: 6 €, Studenten und Senioren ab 65 Jahren 3 €, bis 18 Jahre frei, Eintritt frei Nov.–März jeden 1. So des Monats und letztes Septemberwochenende, kostenloser deutscher Audioguide

⑰ Platía Diagóra und Odós Apelloú ★   [S. 144]

Πλατεία Διαγόρα και οδός Απελλού

Platía Diagóra, einer der **schönsten Plätze der Stadt,** erstreckt sich nördlich der Westlichen Archäologiezone ⑱ und ist von dieser aus über eine **Treppe** erreichbar. Hier finden sich einige **lauschige Lokale,** ebenso wie in der angrenzenden Straße Odós Apelloú. Sie verbindet den Diagóra-Platz mit der Straße Leof. El. Venizélou und zeichnet sich durch viel Flair aus. Hier kann man in zahlreichen Restaurants und Cafés unter Bäumen entspannen und neben vielen touristischen Läden gibt es hier auch einige originelle Geschäfte.

Von dem auch als **Bab-Gedid-Moschee** bekannten Gotteshaus auf dem Diagóra-Platz aus dem 16. Jh. ist heute leider nur noch der **Turm** erhalten. Die Moschee wurde 1933 durch das Erdbeben zerstört und nicht wieder aufgebaut, da die italienischen Machthaber hier ein modernes Viertel entstehen ließen. Das Minarett ist komplett aus Stein gefertigt und 11 m hoch, unten sind die Inschriften der Grundsteinlegung und eine kunstvoll gestaltete Koransure erkennbar.

☐ *Einziges Überbleibsel der einst stolzen Bab-Gedid-Moschee*

⓲ Westliche Archäologiezone (Ditikí Archeologikí Zóni) ★★ [S. 144]

Δυτική Αρχαιολογική Ζώνη

Das Areal nördlich der antiken Straße **Decumanus Maximus** (heute Leof. Grigoríou V), der einstigen Schlagader der antiken Stadt, wurde von reichen Römern bewohnt, die hier ihre Villen hatten. Aus jener Zeit haben sich die Überreste vieler Gebäude erhalten, die man heute noch bewundern kann. Viele der Bauten verfügten über schöne **Fußbodenmosaike,** besonders die im Westen der Anlage. Oft sind auch Reste der **Wandbemalung** erhalten, die verdeutlichen, dass man sich die Häuser der Antike keineswegs schneeweiß, sondern ausgesprochen bunt vorstellen darf. Da diese Gegend jahrhundertelang nicht besiedelt war und viele Gebäudereste nicht für andere Bauten zweckentfremdet wurden, findet man hier heute einige architektonische und archäologische Schätze in hoher Konzentration vor.

Überdacht ist gleich am Eingang ein Mosaik, das Tiere und Menschen zeigt. Daneben, im sogenannten **Haus der Europa,** wird anhand eines Mosaiks die Geschichte der Europa erzählt, die von Zeus in Stierform entführt wird.

Im linken Bereich ist das antike Straßenpflaster hervorragend erhalten, sodass man heute wie damals durch die Reste der antiken Stadt spazieren kann. Hier passiert man unter anderem das **Nymphäon,** das man lange für ein Nymphen-Heiligtum hielt, vermutlich war der Bau aber profanerer Natur und diente als Toilette oder Bad.

Angrenzend stehen die **Reste einer frühchristlichen Basilika** aus dem 5./6. Jh., von der insbesondere der Eingangsbereich und Reste des Altars sehenswert sind. Links geht es zu einem riesigen **überdachten Mosaik,** das Apollon und die Musen sowie Gladiatoren beim Kampf gegen wilde Tiere zum Thema hat, aber auch das Urteil des Paris illustriert. Bei der mythologischen „Misswahl" musste sich Paris entscheiden, welche Göttin die schönste sei. Seine Wahl fiel auf Aphrodite, die ihm als Dank einen Apfel schenkte.

Daneben haben sich die fotogenen Reste mehrerer Säulen erhalten, die einst zum antiken **Gymnasion** gehörten, einer Sportstätte für männliche Athleten, die auf das 2. vorchristliche Jahrhundert datiert wird. Dieses Gebäude verfügte früher über ganze 81 Säulen, von denen einige wieder aufgerichtet wurden. In römischer Zeit kamen ein kleiner Pool und ein Heißwasserbecken hinzu, heute noch gut am u-förmigen Umriss erkennbar.

❯ geöffnet: Di.–So. 9–16 Uhr, Eintritt frei, Fotografieren nur mit dem Smartphone erlaubt

⓳ Römisches Odeon (Romaï'kó Odío) ★★ [S. 144]

Ρωμαϊκό Ωδείο

Das kleine **römische Theater** kann zwar nicht mit dem von Epidauros (Halbinsel Peloponnés) mithalten, ist aber dennoch ein beeindruckendes steinernes Zeugnis der Antike (s. S. 24). Im 2. Jh. wurde es im Südosten der römischen Stadt errichtet, im Jahr 142 beim Erdbeben schwer beschädigt und unter Kaiser Antoninus Pius kurze Zeit später wieder aufgebaut. Hier fanden vor allem **Gesangswettbewerbe** statt, möglicherweise aber auch **Senatssitzungen.** Das früher überdachte

Theater bot 750 Gästen Platz. Bei Ausgrabungen fand man hier einen großen Schatz, der aus Statuen und Inschriftentafeln bestand (heute in Teilen im Archäologischen Museum ⓫ zu finden).

Man kann heute die **Bühne** betreten und sich singenderweise einmal selbst von der Akustik überzeugen (sofern einen die entgeisterten Blicke anderer Besucher nicht stören) oder die auf Kuppeln ruhenden **Stufen** erklimmen. So ist erkennbar, dass die Bühne des Odeons nicht die klassische Form eines griechischen Theaters besaß, sondern ein irreguläres Pentagon bildete. Die Bühne verfügte über drei separate Zugänge, es muss dort also relativ lebhaft zugegangen sein. Heute finden im Odeon gelegentlich **Kulturveranstaltungen** statt.

❯ Leof. Grigoríou V, von morgens bis in die frühen Abendstunden frei zugänglich

⓴ Kirche Ágios Ioánnis ★   [S. 144]

Die kleine **frühchristliche Basilika** aus dem 5./6. Jh. erhebt sich am Eingang des städtischen Friedhofs etwas außerhalb der Stadt. Es handelt sich um die einzige vollständig erhaltene Kirche dieser Epoche auf der Insel. Zur damaligen Zeit entstand eine ganze Reihe an Gotteshäusern, beispielsweise die Anlage gegenüber der Insel Kastrí [B5], die noch deutlich größer war als dieses dunkle, aber stimmungsvolle steinerne Gotteshaus mit seiner geschwungenen Dachkonstruktion. Im Innern kann man noch die **Reste mittelalterlicher Fresken** aus dem 12. und 13. Jh. ausmachen.

Der umliegende **Friedhof** vermittelt einen schönen Eindruck von der griechisch-orthodoxen Art, der Toten zu gedenken. Auffällig ist, dass sich die Gräber oft in einem viel besseren Zustand befinden als man das vielleicht von mitteleuropäischen Friedhöfen kennt, auch verfügen viele nicht nur über Grabsteine, sondern auch über Marmorplatten oberhalb des Erdreichs, die mit Fotos der Verstorbenen versehen sind.

❯ Der Friedhof ist rund um die Uhr kostenlos zugänglich. Er ist nicht ganz leicht zu finden. Am besten, man biegt beim Parkplatz am Casa Romana ⓰ in den Weg ein, der von der Hauptstraße Richtung Süden führt, biegt nach ca. 300 Metern links ab und erreicht so den Gottesacker mit der Kirche.

⌃ Auch nach fast 2000 Jahren noch gut in Schuss: das Römische Odeon

Entdeckungen in der Umgebung von Kos-Stadt

㉑ Jüdischer und Muslimischer Friedhof ★ [G1]
Εβραϊκό και μουσουλμανικό Νεκροταφείο

Auf dem Weg nach Platáni ㉒ passiert man zunächst den jüdischen und wenige Meter weiter den muslimischen Friedhof der Insel. Während der jüdische Friedhof heute verschlossen ist und nicht mehr genutzt wird, ist der muslimische nach wie vor in Benutzung.

Einst verfügte Kos über eine große **jüdische Gemeinde**, die Nazis deportierten und ermordeten deren Angehörige aber nach der Einnahme der Insel. Man kann **von außen** durch das Gitter zumindest einen Blick auf die Anlage werfen, die sich in zwei Bereiche gliedert, von denen lediglich der westliche gut erhalten ist.

Ein kleines Stück weiter die Straße hinauf gelangt man zum muslimischen Friedhof, dessen Tor meist offen steht. Neben modernen Gräbern links und rechts des Hauptweges stehen hier zahlreiche alte **Steinstelen**, die die Funktion eines Grabsteins erfüllten. Am Ende des Weges angekommen, stößt man links auf ein ganzes Feld mit unzähligen dieser Grabsteine, die in arabischer Schrift Auskunft über die Toten geben und Koransuren zitieren.

㉒ Platáni ★ [G2]
Πλατάνι

Wäre die Türkei nicht ohnehin schon so nah, würde man spätestens hier meinen, im Orient angekommen zu sein. Das kleine Dorf wird bis heute von vielen **türkischstämmigen Griechen** bewohnt und verfügt mit der schmucken **Moschee** über eine interessante Sehenswürdigkeit. Obwohl der Ort nur wenige Minuten von der Hauptstadt entfernt ist, verirren sich nur wenige Touristen hierher, dabei bietet sich Platáni gerade auf dem Weg zum Asklepieion ㉔ für einen Zwischenstopp an – besonders der hübsche **Dorfplatz** mit seinen **Lokalen** ist sehr einladend.

❯ **Serif** ‹1› am zentralen Dorfplatz, Tel. 2242023784, ganztägig durchgehend geöffnet. Die charmante Taverne, die griechische und türkische Kost serviert, ist den ganzen Tag über geöffnet und stellt einen der beliebtesten Treffpunkte der lokalen Bevölkerung dar. Hier sitzt man zudem sehr angenehm im Schatten der Bäume.

029ko-mb

◁ *Letzte Ruhestätte für Muslime: der Friedhof von Platáni*

㉓ Internationale Hippokrates-Stiftung ★★ [G2]
Διεθνές Ιπποκράτειο Ίδρυμα

Die 1960 gegründete Stiftung (Diethnés Ippokrátio Ídrima) hat es sich zum Ziel gesetzt, die **Werte des Hippokrates** (s. S. 36) zu vermitteln und über den bedeutendsten Arzt der Antike zu informieren. Hierzu wurde ein modernes Gebäude unweit des Asklepieion ㉔ errichtet, in dem man heute ein Museum, eine Nachbildung der „Praxis des Hippokrates" und einen Botanischen Garten vorfindet.

Im **Museum** sind Nachbildungen berühmter antiker Skulpturen ausgestellt, die in Bezug zu den Lehren des Meisters und zur Medizin gesetzt werden und dadurch neu interpretiert werden können. Weiterhin gibt es auch auf Englisch zahlreiche Infos zu Hippokrates, seinen Methoden und seinem Vermächtnis. Der als „Praxis des Hippokrates" bezeichnete Raum stellt anhand einiger Modelle die konkreten Behandlungsmethoden von Hippokrates vor, die erstaunlicherweise oft große Ähnlichkeit mit modernen Therapiepraktiken haben.

Der **Botanische Garten** hinter dem Gebäude umfasst rund 250 Pflanzen, die alle in den Schriften des Hippokrates erwähnt wurden. Leider wird er im Sommer nicht ausreichend bewässert, sodass er zumindest in der heißen Jahreszeit bisweilen etwas traurig und heruntergekommen wirkt.

› **Anfahrt:** auf dem Weg zum Asklepieion ㉔ gut ausgeschildert
› Tel. 2242022131, www.hippocratic foundation.org, geöffnet: April–Okt. Mo. 10–16, Di.–Do. 10–20, Fr. 10–22, Sa./So. 10–20 Uhr, Nov.–März Mo.–Do. 10–17, Fr. 10–22, Sa./So. 10–20 Uhr (letzter Einlass eine ½ Std. vor Schließung), Eintritt: 3 €

030ko-mb

⌂ *Das Bemalen von Schalen und Vasen hat auf Kos eine lange Tradition, die noch heute gepflegt wird*

EXTRATIPP

Keramikmalern über die Schulter geschaut

Kunstvoll bemalte Keramiken haben in Griechenland bekanntermaßen eine lange Tradition. Auf dem Weg zum Asklepieion ㉔ passiert man eine **Werkstatt mit angeschlossenem Geschäft**, in der man schöne **handgefertigte Kos-Souvenirs** erstehen kann. Die Tonobjekte werden hier gefertigt, gebrannt und anschließend bemalt. Die Mitarbeiter informieren gern über ihre Arbeit. Neben Schalen, Tassen und mehr kann man sich auch individuelle Stücke fertigen lassen. Außerdem werden **Ikonen** gemalt, die teilweise in Silber eingefasst sind, und es gibt koische **Kosmetika**.

› **Clarisse** ‹2› od. Asklipioú 119, Tel. 2242022166, April–Okt. tägl. 10–18, manchmal auch bis 20 Uhr

Hippokrates

Der um 460 vor Christus (in Kéfalos **42**) auf Kos geborene Hippokrates gilt noch heute als Begründer der modernen Medizin. Schon sein Vater war ein bedeutender Arzt und, wie damals üblich, trat auch sein Filius in die Fußstapfen des Vaters. Dass ihm eine glänzende Karriere vorgezeichnet schien, zeigt schon der Umstand, dass er der Legende nach mütterlicherseits direkt von Herakles und väterlicherseits von Asklepios, dem antiken Gott der Heilkunst, abstammen soll. Podaleirios, Sohn des Asklepios, soll nach dem Trojanischen Krieg nach Kos gezogen sein und hier eine Ärztedynastie begründet haben, deren 18. Nachkomme Hippokrates war. Mit so viel göttlichem Beistand stand einer Karriere als bedeutendstem Arzt der Antike also praktisch nichts mehr im Wege, weshalb Hippokrates im schon damals renommierten Asklepieion **24** in die Geheimnisse der Heilkunst eingeweiht wurde. Er war vor allem auf die Bereiche Ernährung bei Krankheit, Krankheitsprognosen und Kopfverletzungen spezialisiert. Viele Entdeckungen dieser Bereiche wurden der Schule von Kos zugeschrieben, also einer Reihe von bedeutenden Medizinern, die hier vor, aber auch nach der Zeit des Hippokrates wirkten und die damalige Heilkunst revolutionierten.

Während in anderen Heilschulen des Landes, beispielsweise an der kleinasiatischen Küste, vor allem die Behandlung der Symptome im Mittelpunkt stand, hatte man hier schon zur damaligen Zeit den ganzen Patienten im Blick und forschte nach den Ursachen einer Erkrankung, vermutlich der revolutionärste und prägendste medizinische Ansatz, den Hippokrates und seine Schüler verfolgten. Auch sprach sich der Arzt für eine Trennung von Religion und Heilkunst aus und bekämpfte einige irrige Annahmen, die auf dem Aberglauben der Menschen basierten.

Bei seinen Patienten überprüfte er zunächst die Vitalfunktionen, die Körpersekrete und den allgemeinen Gesundheitszustand, um eine Diagnose stellen zu können. Auch die Krankheitsgeschichte und das persönliche Umfeld der Kranken wurden in Erfahrung gebracht. Was damals revolutionär war, ist heute Bestandteil jeder ganzheitlichen Behandlung von Kranken. Die Liste seiner Errungenschaften ist so lang, dass hier beispielhaft nur die Erforschung des menschlichen Skeletts, die Erfindung einer Art Streckbank zur Wiedereinrenkung von Gliedmaßen oder das Wissen, medizinische Werkzeuge zu säubern, genannt werden soll. Hippokrates gilt außerdem als Wegbereiter für die Erforschung eines Antibiotikums gegen Escheria-Coli-Bakterien, Cholera und Salmonellen und einer Methode zur Heilung von Gebärmutterhalskrebs.

Noch in jungen Jahren verließ Hippokrates Kos wieder, um sich weiteren Studien in Thrakien, Thessalien sowie auf der Insel Thásos zu widmen und seine Philosophie zu verbreiten. Viel ist über sein weiteres Leben nicht bekannt, genauso mythisch wie seine Herkunft scheint auch seine Arbeit gewesen zu sein. Angeblich brachte er es sogar bis an den Hof des Perserkönigs Artaxerxes, dem er aber eine Behandlung verweigerte.

Hippokrates starb 370 vor Christus in Thessalien. Seine beiden Söhne, sein Schwiegersohn und später seine Enkel setzten sein Erbe fort und machten das Asklepieion zu einer der bedeutendsten medizinischen Einrichtungen der Antike.

Einer schönen Legende zufolge sollen auf seinem Grab im zypriotischen Pinioú, das noch bis ins 2. nachchristliche Jahrhundert bestanden haben soll, Bienen genistet haben, deren Honig angeblich besondere Heilkräfte besaß - eine Geschichte, die dem den Aberglauben bekämpfenden Mediziner wohl wenig behagt hätte.

Eines der größten Vermächtnisse, das er der Welt hinterlassen hat, ist der Hippokratische Eid (s. S. 40), auch wenn längst nicht sicher ist, ob dieser wirklich auf ihn zurückzuführen ist. Daneben werden ihm zahlreiche Erfindungen zugeschrieben, zum Beispiel ein Vorläufer des Stethoskops. Unzählige Fachbegriffe, die der Arzt prägte, werden auch heute noch in vielen Sprachen verwendet, darunter zum Beispiel „Gymnastik", „Embryo", „Onkologie", „Typhus", „Spasmus" oder „Narkose".

Seine Forschungen zur Wirkungsweise bestimmter Pflanzen inspirierten noch Jahrhunderte später Wissenschaftler, einige Krebsmedikamente oder Schmerzmittel wie Aspirin gehen mit großer Wahrscheinlichkeit auf seine Ideen und Beobachtungen zurück, sodass das Genie guten Gewissens als der Vater der modernen Medizin bezeichnet werden darf, dem die Menschheit viel zu verdanken hat.

HIPPOCRATIS
Genuina effigies ex antiqua

▷ So stellte man sich den Urvater der modernen Medizin in der Vormoderne vor

㉔ Asklepieion ★ ★ ★ [G2]

Ασκληπιείο

Einst zählte Kos' bedeutendste ar-
chäologische Stätte zu den wichtigs-
ten antiken Kuranlagen (s. S. 24).
Heute wird sie nicht mehr von Patien-
ten und Heilern, sondern von Touris-
ten, Katzen und Eidechsen bevölkert
und lässt sich wunderbar im Rahmen
eines Spaziergangs erkunden.

Vier Kilometer von Kos-Stadt entfernt befindet sich diese antike Kult-
stätte, die **Asklepios (Äskulap)**, dem
Gott der Heilkunst, gewidmet ist und
ausnahmsweise nicht von einem italienischen Archäologenteam in den
1930er-Jahren zutage gefördert wurde, sondern Anfang des 20. Jh. von
dem schwäbischen Archäologen **Ru-**
dolf Herzog (übrigens der Großvater
des Regisseurs Werner Herzog). Anlagen wie diese gab es im gesamten antiken Griechenland, diese aber
zählt nicht nur zu den schönsten und
besterhaltenen, sondern ist auch
eine echte Besonderheit: Sie diente
nämlich nicht nur als Betstätte, sondern auch als **Heilanstalt**. Die Ärzte
und Heiler fungierten als Mittler zwischen Gott und den Menschen, stell-

Asklepieion

© REISE KNOW-HOW 2020

Rampe

Thermen

Latrinen

Propylon

Tempel

Altar

Abaton

Tempel

Untere
Terrasse

Exedra

Lesche
(Versammlungsraum)

Mittlere
Terrasse

Tempel

Obere
Terrasse

te doch eine medizinische Behandlung damals stets auch einen religiösen Akt dar.

Die ältesten Teile des sich auf **drei Ebenen** verteilenden Komplexes gehen auf das 3. vorchristliche Jahrhundert zurück. Leider wurde ein großer Teil der Anlage später abgetragen, um die Johanniterfestung ❷ zu bauen.

Nach dem Tod von **Hippokrates** (s. S. 36), der hier seine damals revolutionären medizinischen Lehren verbreitete, wurde zunächst ein **Altar** errichtet, es folgten ein **Tempel** für Äskulap und mehrere **Terrassen**, auf denen sich weitere Gebäude befanden.

In der Römerzeit entstanden im unteren Bereich, wo sich heute der **Eingang** befindet, vor allem **Bäder und Thermen**. Der Bereich, in dem der große Arzt der Antike zuvor gearbeitet hatte, wurde bei einem Erdbeben zerstört und von seinen Nachkommen neu aufgebaut. Die Anlage wurde insgesamt rund 800 Jahre lang genutzt. Die Patienten wohnten meist auf dem Areal, entweder in Zelten, Hütten oder Steingebäuden, und brachten nach ihrer Ankunft zunächst Äskulap Opfer dar. Später wurden die Patienten einem Heilschlaf unterzogen (oft unter Drogen), um den Behandlungsratschlag des Gottes zu empfangen, und wurden schließlich von den vielen Ärzten vor Ort behandelt.

Bei einem **Erdbeben** im 6. nachchristlichen Jahrhundert wurden weite Teile der Anlage zerstört, doch ihr Grundaufbau lässt sich noch immer gut nachvollziehen und Treppen sowie Säulen sind nach wie vor in einem guten konservatorischen Zustand.

Auf der **unteren Terrasse** befanden sich die Stoa, von der noch Fundamente vorhanden sind, eine Xenophon-Denkmal und eine Latrine. Dieser vorgelagert waren die Thermen und das Propylon (Eingangstor) angesiedelt. Auf der Terrasse gab es eine Art Ankunfts- und Diagnosezentrum, wo die Patienten untersucht und gewaschen wurden.

☑ *Der Blick von der oberen Terrasse reicht über die gesamte Anlage*

032ko-mb

Der Hippokratische Eid

Der Eid des Hippokrates wurde jahrhundertelang von Ärzten geschworen und soll auf den genialen Mediziner (s. S. 36) zurückgehen - allerdings ist dies eher unwahrscheinlich angesichts der Tatsache, dass er erst rund 700 Jahre nach Hippokrates' Tod verbrieft ist. Mittlerweile wurde er durch andere Eide abgelöst, dennoch hat er nichts von seiner Aktualität eingebüßt. Einige Maßgaben, wie das Abtreibungsverbot oder Sterbehilfe, werden heute von Ärzten zum Teil nicht mehr befolgt und die gesellschaftlichen Diskussionen darüber zeigen, wie sehr diese Punkte den Kern ärztlicher Fürsorge und Ethik betreffen. Andere wie das Verbot, Blasensteine zu entfernen, sind heute medizinisch nicht mehr haltbar, und natürlich gehört auch die damals übliche Haltung von Sklaven der Vergangenheit an.

Der hippokratische Eid zeigt also, dass es universelle Ansprüche an Mediziner gibt, die sich über Jahrhunderte erhalten haben, und solche, die von der Gesellschaft mitunter neu verhandelt werden. Auch deshalb ist das Dokument so bedeutend, hält es uns und der Medizin doch nach wie vor den Spiegel vor. Hier der Eid im Wortlaut (Übersetzung aus dem Griechischen):

„Ich schwöre, Apollon den Arzt und Asklepios und Hygieia und Panakeia und alle Götter und Göttinnen zu Zeugen anrufend, dass ich nach bestem Vermögen und Urteil diesen Eid und diese Verpflichtung erfüllen werde.

Den, der mich diese Kunst lehrte, meinen Eltern gleich zu achten, mit ihm den Lebensunterhalt zu teilen und ihn, wenn er Not leidet, mitzuversorgen; seine Nachkommen meinen Brüdern gleichzustellen und, wenn sie es wünschen, sie diese Kunst zu lehren ohne Entgelt und ohne Vertrag.

Ratschlag und Vorlesung und alle übrige Belehrung meinen und meines Lehrers Söhnen mitzuteilen, wie auch den Schülern, die nach ärztlichem Brauch durch den Vertrag gebunden und durch den Eid verpflichtet sind, sonst aber niemandem.

Meine Verordnungen werde ich treffen zu Nutz und Frommen der Kranken, nach bestem Vermögen und Urteil; ich werde sie bewahren vor Schaden und willkürlichem Unrecht.

Ich werde niemandem, auch nicht auf seine Bitte hin, ein tödliches Gift verabreichen oder auch nur dazu raten. Auch werde ich nie einer Frau ein Abtreibungsmittel geben. Heilig und rein werde ich mein Leben und meine Kunst bewahren.

Auch werde ich den Blasenstein nicht operieren, sondern es denen überlassen, deren Gewerbe dies ist.

Welche Häuser ich betreten werde, ich will zu Nutz und Frommen der Kranken eintreten, mich enthalten jedes willkürlichen Unrechtes und jeder anderen Schädigung, auch aller Werke der Wollust an den Leibern von Frauen und Männern, Freien und Sklaven.

Was ich bei der Behandlung sehe oder höre oder auch außerhalb der Behandlung im Leben der Menschen, werde ich, soweit man es nicht ausplaudern darf, verschweigen und solches als ein Geheimnis betrachten.

Wenn ich nun diesen Eid erfülle und nicht verletze, möge mir im Leben und in der Kunst Erfolg zuteilwerden und Ruhm bei allen Menschen bis in ewige Zeiten; wenn ich ihn übertrete und meineidig werde, das Gegenteil."

Die schmalere **mittlere Terrasse** stellte das religiöse Herz der Anlage dar und besaß einen Opferaltar, einen ionischen und einen römischen Tempel sowie eine Lesche (Versammlungsraum).

Den Abschluss bildete die über eine lange Treppe erreichbare **obere Terrasse** mit dem Tempel des Asklepios aus dem 2. Jh. v. Chr. und dem Enkoimeterion (auch Abaton genannt). Hierbei handelt es sich um einen heiligen Bereich, der nur von Priestern betreten werden durfte. Bis heute wird der abgetrennte, nur den Priestern vorbehaltene Chorbereich in der orthodoxen und der griechisch-katholischen Kirche als Abaton bezeichnet. Auch die obere Terrasse war von einer Säulenhalle eingerahmt.

Zum Areal gehört ein kleines **Museum**, in dem Reste alter Schrifttafeln zu sehen sind, die Gesetzestexte und Kultanweisungen zieren. Alle Tafeln stammen aus dem 4.–2. Jh. v. Chr. In einem zweiten Raum sind Korrespondenztafeln ausgestellt, die über die weitreichende Diplomatie der Koer informieren, darunter ein steinerner Brief Kaiser Neros an die Inselbevölkerung. Andere wiederum informieren über berühmte Ärzte, die hier in der Tradition des Hippokrates wirkten.

Am besten man besucht das Gelände **frühmorgens** oder am **Nachmittag**, wenn der Andrang nicht so groß ist. Eine **geführte Tour** bietet sich an, am besten erkundigt man sich bei seinem Hotel darüber.

033ko-mb

⌂ *Diese teilweise rekonstruierten Säulen stellen den besterhaltenen Teil der Anlage dar*

Der **Wald** um das antike Heiligtum galt einst als heilig – niemand durfte hier ein Kind gebären oder sterben. Heute lässt sich hier ein erholsamer **Spaziergang** unter Schatten spendenden Bäumen unternehmen.

❯ **Anfahrt:** mit dem Minizug (s. S. 127), zur Not auch zu Fuß von Kos-Stadt erreichbar (ab Odeon **19** etwa 3 km)

❯ Tel. 2242028763, geöffnet: tägl. 8–19.30 Uhr, Eintritt: Erw. 8 €, Senioren ab 65 Jahren 4 €

041ko-as©r_andrei - stock.adobe.com

Infos und Reisetipps

■ **Touristeninformation Kos** ‹3› od. Artemisías 2, www.kos.gr, Tel. +30 2242029910, Mo.–Fr. 7.30–15 Uhr, im Sommer oft länger, oft steht man hier aber leider vor verschlossenen Türen, sogar in der Hauptsaison. Kleine Touristeninformation unweit des Hafens.

Essen und Trinken

❯ **Alibaba Beach Bar** €–€€ ‹4› od. Antigónis 11, auf Facebook, tägl. 9–23 Uhr. Eines der besten Burgerlokale der Insel, auf einer schönen Rasenfläche in Strandnähe gelegen. Es gibt auch leckere Salate, Sandwiches und Frühstück, z. B. gesunde Acai Bowls.

⌂ *Viele Lokale in Kos-Stadt besitzen bunt geschmückte Außenterrassen*

■ **Alla ki Alla** €–€€ ‹5› od. Grigoríou 35, Tel. 2242022022. In dem angenehm eingerichteten Lokal stimmt einfach alles: aufmerksamer Service, ideales Preis-Leistungs-Verhältnis und eine kleine, aber ausgesuchte Speisekarte mit *mezédes* (kleinen Gerichten), Fisch, Fleisch und vegetarischen Speisen. Hier kann man sich einmal durch all die griechischen Köstlichkeiten probieren.

■ **Avanti** €€€ ‹6› od. Vasiléos Georgíou V 4, Tel. 2242020040, auf Facebook, Mi.–Mo. 10–24 Uhr. „Kreative mediterrane Küche" lautet der Slogan dieses Lokals an der Hafenpromenade, und besser hätte man es nicht in Worte fassen können. Reservierung empfohlen, das ehemalige Mistral ist auch bei Einheimischen sehr gefragt.

■ **Barbouni** €€–€€€ ‹7› od. Georgíou Avérof 26, Tel. 2242020170, www.ilovebar bouni.com, tägl. 10–2 Uhr. Hier gibt es Fisch und Meeresfrüchte aus der Ägäis in etlichen Variationen direkt am Meer mit tollem Blick auf die türkische Küste. Behagliche, moderne Einrichtung und ausgesprochen freundlicher Service. Ideal für einen romantischen Abend zu zweit. In der Saison besser reservieren, um einen der Tische direkt am Wasser zu ergattern.

■ **Beetle** ‹8› od. Apellóu, Tel. 2242049 443, tägl. 9–23.30 Uhr. Wer Eis nicht immer nur in der Waffel essen möchte, kann hier leckere, handgefertigte Eisröllchen kaufen, die man dann nach Lust und Laune mit zahlreichen Toppings versehen kann.

❯ **Cafe Oil** ‹9› Antimáchou 30, Tel. 22 42030494. Reizendes Café mit kleinen Speisen und gemütlicher Atmosphäre. Besonders die Waffeln sind zu empfehlen.

■ **Fidelio** €€–€€€ ‹10› od. Naflírou, Tel. 2242301153. Nettes Lokal, in dem man unter einem Baum sitzend direkt auf die Agorá schaut. Wie alle Restaurants in der auch als Bar Street bekannten Straße ist es hier etwas teurer als anderswo.

■ **Giameze** €–€€ <11> od. Psarón 7, Tel. 2242022609, auf Facebook, tägl. 12–3 Uhr. Kleine griechische Klassiker, aber auch Grillplatten in einer von Touristen weniger stark besuchten Gegend der Stadt. Auf Wunsch zeigen einem die Kellner die Speisen und erklären den Gästen die Gerichte.

■ **Harem** €–€€ <12> od. Georgíou Avérof 32, Tel. 2242111932, http://haremshisha.gr, tägl. 9.30–2, Küche bis 23 Uhr, meist Mai–Okt. geöffnet. Etwas kitschige, aber urgemütliche Mischung aus Restaurant und Shishabar. Drinnen wie draußen sitzt man sehr behaglich auf Divanen oder an Tischen, im Freien bietet sich eine herrliche Sicht aufs Meer. Serviert wird eine solide griechische und orientalische Küche.

❯ **Kos Vitamin Bar** <13> od. Kanári 63, Tel. 2242023793, auf Facebook, tägl. 8.30–22.30. Saftbar, in der die köstlichen Gemüse- und Fruchtsäfte direkt vor den Augen der Gäste zubereitet werden. Die tierlieben Betreiber helfen nicht nur den vielen Katzen vor Ort, sondern unterstützen auch ein lokales Tierheim.

■ **Kyriakos** €–€€ <14> od. Kanári 42, Tel. 2242042695. Nettes Lokal mit griechischer Musik und freundlichem Personal in der Innenstadt, das traditionelle Landesküche, aber auch Fastfood bietet. Man erklärt den Gästen die einzelnen Speisen auch gern auf Deutsch. Alles wird frisch zubereitet, Tiefkühlkost kommt hier nicht auf den Tisch. Hervorragendes Preis-Leistungs-Verhältnis.

■ **Meze Academy** € <15> od. Kolokotróni 36–38, Tel. 2242028842, WLAN. Liebevoll im Vintage-Stil eingerichtetes Lokal mit ausgesprochen günstigen kleinen Speisen (mezé). Am besten bestellt man verschiedene Teller und lernt so die ganze Vielfalt der griechischen Küche kennen (Achtung: teilweise große Portio-

nen). Das junge Team bereitet alle Speisen von Hand zu, wobei fast ausschließlich lokale Zutaten zum Einsatz kommen.

■ **Never on Sunday (Pote tin Kiriaki)** €€ <16> od. Pisándrou 9, Tel. 6930352099. Der ungewöhnliche Name des beliebten Lokals bezieht sich darauf, dass auch die Betreiber gern einmal in der Woche eine Pause einlegen – und die haben sie sich angesichts der hohen Qualität der Speisen wahrlich verdient. Die leckeren Mezé-Gerichte genießt man hier unter freiem Himmel in einem schönen Hof, oft wird Livemusik gespielt. Etwas außerhalb, aber den Weg auf jeden Fall wert!

■ **Nick the Fisherman** €€€ <17> od. Georgíou Avérof 14, Tel. 2242023098. Di.–So. geöffnet. Einer der Klassiker unter den Restaurants der Insel. Geboten werden – lecker und oft fangfrisch – Fisch und Meeresfrüchte, aber auch die Ouzo-Auswahl kann sich sehen lassen. Keine Kartenzahlung möglich.

■ **Noah's Ark** €–€€ <18> od. Bouboulínas 14, Tel. 2242116294, März–Nov. tägl. 8 Uhr bis in die Nacht, WLAN. Warum nicht mal etwas Neues ausprobieren? In dem einfach eingerichteten Lokal gibt es zahlreiche armenische Spezialitäten, aber auch einige griechische und italienische Klassiker. Viele Speisen sind hausgemacht, darunter die köstlichen Würste, die Bestandteil zahlreicher Gerichte sind. Auch Vegetarier und Veganer werden hier fündig.

❯ **Papa's Beach Bar** €–€€ <19> od. P. Germanoú 12, Tel. 2242025865, www.papasbeach.com, auch auf Facebook. Sehr entspannte Beachbar mit gelegentlichen Partys am Abend und griechischer Küche. Sogar einen frechen Papagei gibt es hier, daneben schöne Liegestühle, Loungemusik und freundliches Personal. Angeschlossen ist ein Wassersport-Anbieter (s. S. 85). Leckere, etwas höherpreisige Cocktails, die ihr Geld jedoch wert sind.

■ **Passa Tempo Espresso Bar** <20> od. 25is Martíou 21, Tel. 2242025609, auf Facebook, tägl. 7.30–1 Uhr. Stilvolles Café, in dem man sich noch viel Zeit für die Zubereitung der Kaffeebohne nimmt. Netter Service.

■ **Salt & Pepper** €€ <21> od. Bouboulínas 5, Tel. 2242030046, auf Facebook. Nettes, familiengeführtes Lokal in einer Seitenstraße mit klassischer griechischer Küche, in dem man auch draußen unter einer schönen Holzdecke sitzen kann. Meist deutlich weniger voll als die Lokale am Hafen.

■ **Select** €€–€€€ <22> od. Nafklírou, https://select-restaurant.com, Tel. 2242021431, tägl. 9–24 Uhr. Sympathisches Lokal mit griechischen Spezialitäten, von dessen Tischen auf der Straße man einen wunderbaren Ausblick auf die antike Agorá genießt.

■ **Sofra** €–€€ <23> od. Vasiléos Georgíou V 8, auf Facebook, Tel. 2242024460, von frühmorgens bis spät in die Nacht geöffnet. Familienfreundliches türkisch-griechisches Lokal unweit des Strandes mit schmackhaften, kleinen anatolischen Gerichten, tollen Salaten und Grillplatten.

■ **Thalia** € <24> od. Bouboulínas 8, www.facebook.com/tsipouradikothalia. Das kleine Lokal, das auch bei Einheimischen sehr beliebt ist, führt *mezé* (kleine Speisen) für kleines Geld, und zwar das ganze Jahr über. Samstags gibt es Livemusik (Rembétiko, eine aus Nordgriechenland stammende Musikrichtung mit osmanischem Einschlag und melancholischer Note), im Winter sogar Fr.–So. Bei Einheimischen beliebt und wenig touristisch. Auch unter dem Namen To Tsipourádiko tis Thálias bekannt.

⬐ *Bei Agora gibt es stilvolle und schicke Accessoires*

Nachtleben

Die meisten Lokale in Kos-Stadt haben lange geöffnet, oft wird in der Saison in dem einen oder anderen **Live-musik** gespielt. Wer „auf die Piste" möchte, ist in der **Bar Street (od. Naf-klírou)** bestens aufgehoben, die sich entlang der Agorá ❾ erstreckt und neben Bars auch Klubs und Restaurants bietet. Daneben sind die **Beach Bars** entlang des **Stadtstrandes Lám-bi** (s. S. 84) ein guter Anlaufpunkt.

■ **Galatea Bar** <25> od. Nafklírou (Bar Street), auf Facebook. Auch bei Einheimischen beliebte Bar-Klub-Kombination mit Cocktails, gemischter Musik und relativ jungem Publikum.

■ **Kaseta** <26> od. Aktí Miaoúli 4, auf Facebook. Schicke Cocktailbar am Hafen unweit des Justizpalastes, in der man auch nett draußen sitzen kann. Das Interieur liegt irgendwo zwischen Edelvintage und postsowjetischem Charme. Etwas zu essen gibt es hier auch, ab und zu heizt ein DJ dem vornehmlich jungen Publikum ein.

■ **Zero coffee bar** <27> od. Megálou Alexándrou 2, www.zerocafebar.gr, Mo.–Do. 9–2, Fr. 9–3, Sa. 9–3.30, So. 10–2 Uhr. Nur wenige Meter vom Hafen entfernt findet sich dieser meist wenig besuchte Biergarten, der eine tolle Auswahl an griechischen Craft-Bieren bietet. Gute Beratung und zuvorkommender Service.

Einkaufen

■ **Agora** <28> pl. Diagóra, April–Anf. Nov. tägl. 9.30–24 Uhr. Viele schöne Kleidungsstücke und Accessoires werden in dieser stilvollen Boutique angeboten. Rund die Hälfte der Waren stammt aus Griechenland, es gibt aber auch schönen Schmuck aus Indonesien und Taschen aus Marokko.

■ **Argentum** <29> od. Apelloú 7, tägl. 10–23.30 Uhr. Preiswerter, klassisch eleganter Schmuck für Sie und schöne Damenkleider von der Insel Kreta vertreibt diese kleine Boutique, in der man zudem sehr freundlich beraten wird.

■ **Dimotikí Agorá** <30> pl. Eleftherías. Gegenüber dem Archäologischen Museum befindet sich Kos' vielleicht schönste Einkaufsmöglichkeit: In der großzügigen **Markthalle** aus der Zeit der italienischen Besatzung findet man ein buntes Sammelsurium aus frischem Obst und Gemüse, Souvenirs und typischen Kos-Artikeln, die sich ideal als Mitbringsel eignen, während Einheimische und Touristen Seite an Seite die Vielfalt der Inselprodukte bestaunen.

035ko-mb

■ **Gatzakis Gold** <31> od. Passanikoláki 1, auf Facebook, April–Okt. Mo.–Sa. 9–21 Uhr. Das kleine Geschäft und sein Ableger auf der anderen Seite der Gasse kann man als echte Institution auf Kos bezeichnen. Seit mehreren Jahrzehnten verkauft das sympathische deutschgriechische Ehepaar hier schönen Goldschmuck (alles Unikate) und nimmt sich viel Zeit für seine Kunden.

■ **Kafekopteio i Braziliana** <32> od. Mandilará 37. Winziger Laden für brasilianischen Kaffee, der in einer etwas vorsintflutlich wirkenden Kaffeemühle gemahlen und auf einer alten Waage abgewogen wird – garantiert frisch und aromatisch. Das urtümliche Geschäft scheint ein wenig aus der Zeit gefallen und orientiert sich nicht am touristischen Geschmack, was es gerade sympathisch macht. Dazu trägt auch der freundliche Besitzer bei, der nur Griechisch spricht.

■ **Kos Olive Tree** <33> od. Kanári 3, www. facebook.com/KosOliveTree. Im „Olivenbaum", einem modernen Geschäft unweit des Hafens, gibt es alles, was die Olive und ihr Baum hergeben: Kosmetika, leckere Delikatessen, reichlich Öl und stilvolles Geschirr aus Oliven-

holz. Ein guter Laden für alle, die noch ein Geschenk für die Lieben zu Hause suchen und keinen touristischen Tand kaufen wollen.

■ **Olive Wood** <34> od. Apelloú 13, www. woodenland.com.gr, tägl. 9.30–23.30 Uhr. In diesem Laden mit Produkten aus Olivenholz von der Insel Páros gibt es nichts, was es nicht gibt: Sonnenbrillen, Schachbretter, Uhren, aber auch Klassiker wie Salatschalen oder kunstvolle Weinflaschenhalter führt das Unternehmen, das auf nachhaltige Holzwirtschaft setzt.

Unterkunft

› **Aqua Blu** €€€ <35> Lambi Beach, Tel. 2242022440, www.aquabluhotel.gr. Das kinderfreie Hotel *(adults only)* zählt zu den romantischsten der Insel und ist gerade bei Frischvermählten sehr beliebt. Die zugegeben nicht gerade günstige Unterkunft verfügt über alle Annehmlichkeiten, darunter ein fantastisches Frühstücksbüfett. Als besonderer Clou besitzen viele Zimmer einen Privatpool, in den man quasi vom Bett aus hüpfen kann. Andere Pools umgeben die Zimmer wie einen Ring und ermöglichen ebenfalls den Zugang vom Zimmer aus. Das schnörkellos-modern gestaltete Hotel hat auch einen eigenen Strandabschnitt.

■ **Blue Lagoon City Hotel** €€-€€€ <36> od. Eleuthériou Venizélou 73, Tel. 2242307070, https://bluelagooncity hotel.gr. Schon die Lobby dieses edlen Hotels mit seiner stylishen, riesigen Bar ist ein Augenschmaus. Die im Stil eines Boutiquehotels dekorierten Zimmer (alle mit Balkon, Klimaanlage und Fernseher) laden ebenso zum Wohlfühlen ein wie der schöne Außenpool mit Snack- und Shishabar, das Spa, das Fitnessstudio und der Indoorpool, der ebenso wie das gesamte Hotel ganzjährig geöffnet ist.

■ **Hotel Alexandra** €€€ <37> od. 25is Martíou 16, Tel. 2242028301, www.alex andrahotels.com. Im höchsten Gebäude der Stadt ist ein modernes Viersterne-hotel mit schicker Bar untergebracht. Die hellen Zimmer bieten einen prächtigen Ausblick auf das bunte Treiben am Hafen und die Festung. Alle Räume sind mit Klimaanlage und TV ausgestattet. Fitnessstudio, Sauna und Pool ergänzen das Angebot. Und wer in der 2019 komplett renovierten Unterkunft abends noch einen Sundowner zu sich nehmen will, findet eine sehr gut sortierte Bar vor.

☐ *Im lauschigen Innenhof des Hotels Sonia kann man herrlich entspannen*

■ **Hotel Marie** €-€€ <38> od. Themistokléous, Tel. 2242025160. Von einer sympathischen türkischen Familie geführtes Hotel mit guter Lage (nahe zum Strand und zu den Sehenswürdigkeiten am Hafen) und sauberen Zimmern, die alles Nötige bieten. Das frisch zubereite türkische Frühstück ist ungewöhnlich, aber ungemein lecker. Alle Zimmer mit Klimaanlage. Ausgezeichnetes Preis-Leistungs-Verhältnis.

■ **Hotel Sonia** €-€€ <39> od. Irodótou 9, www.hotelsonia.gr, Tel. 2242028798. Alle Zimmer dieser freundlich geführten kleinen Unterkunft bieten Klimaanlage, Kühlschrank und TV. Das Hotel wurde 2019 fast komplett renoviert, was ihm einen modernen, schicken Touch verschafft und für die wunderschönen Badezimmer gesorgt hat. Auch einen hübschen Garten und eine Mini-Bibliothek gibt es. Die ideale Lage unweit des Hafens in einer Seitenstraße sorgt dafür, dass alle Sehenswürdigkeiten gut erreichbar sind und es dennoch nachts ruhig zugeht. Tolles Preis-Leistungs-Verhältnis, nur auf einen Pool muss man bislang noch verzichten, der Bau ist aber geplant. Hier bucht man besser direkt und nicht über Buchungsseiten, da man so einiges sparen kann.

036ko-hs

037/ko-mb

Strände

Die Strände an der **Ostseite der Insel** sind relativ stark frequentiert und gehören meist entweder zu Hotels oder Restaurants bzw. Beach Bars. Sie tragen die Namen **Lámbi** (s. S. 84) und **Mílos** und schließen mehr oder weniger nahtlos an Kos-Stadt an. Die **Infrastruktur** ist hier hervorragend. Oft kann man die **Sonnenliegen** kostenlos nutzen, sobald man etwas im Restaurant verzehrt. Andere Lokale verlangen für die Nutzung inkl. Schirm, Sonnenbett und einer Flasche Wasser lediglich zwischen 2,50 und 5 € pro Tag. Es gibt ein breites Angebot an **Wassersport** und **Beachvolleyballfelder.**

Wer es etwas weniger trubelig mag, sollte Kos-Stadt in Richtung **Norden** verlassen: Jenseits der Militäranlage gibt es viele **unbewachte und wilde Strandabschnitte,** die teilweise über schöne Dünen verfügen.

△ *Das Salz-Biotop von Tigáki wirkt wie von einem anderen Planeten*

Inselnorden

㉕ Tigáki ★ ★   **[F1]**

Τιγκάκι

Das kleine Dorf an der **Nordküste** bietet nur wenige klassische Sehenswürdigkeiten, ist aber bei Touristen unter anderem wegen der **guten Infrastruktur** und des **wundervollen Sandstrandes** sehr beliebt. Letzterer ist mehrere Kilometer lang und zählt zu den schönsten der Insel. Er ist ideal für **Familien mit kleinen Kindern,** da er sehr flach ins Wasser abfällt und über feinen Sand verfügt.

Zwar besitzt Tigáki keinen historischen Ortskern, dafür aber alles, was das Touristenherz begehrt: viele Einkehrmöglichkeiten, bewachte Strände und unzählige Hotels. Zugleich ist der Ort eine **ideale Ausgangsbasis für Besichtigungen,** da er strategisch günstig ungefähr in der Mitte der Nordküste liegt und die wichtigsten Attraktionen der Insel von hier aus mit allen Verkehrsmitteln bequem erreichbar sind.

Entspannt in den Orient

Am **Ortsrand von Tigáki** 25 befindet sich ein sehr **stilvoller, großer Hamam,** in dem Gesundheits- und Schönheitsbewusste voll auf ihre Kosten kommen. Zum Angebot des Komplexes gehören unter anderem ein Friseur, Mani- und Pediküre, eine Bar und eine Saftbar, ein Schönheitssalon, wundervoll gestaltete Massageräume und natürlich ein türkischer Hamam, der auch privat gemietet werden kann. Die **Kinder** lassen sich derweil in der „Games World" bespaßen, die ebenfalls Teil der Anlage ist. Im Anschluss kann man auf Sonnenbetten entspannen oder in den angeschlossenen Shops einkaufen. Abends ab 21.30 Uhr sieht man tiefenentspannt dem Schauspiel der sich im Rhythmus der Musik bewegenden Wasserfontänen zu und lässt den Tag bei einem Essen im zugehörigen **Restaurant Mango** auf der anderen Straßenseite ausklingen.

› **Artemis Hamam** <42> www.artemis hamam.com, Tel. 224206727072, April–Okt. tägl. ab 9 Uhr

Zu Besuch in der Olivenölmanufaktur

Etwa auf halber Strecke zwischen Tigáki 25 und Marmári 26 befindet sich an der Hauptstraße die **Olivenölmanufaktur Hatzipetros,** deren Wurzeln bis ins frühe 20. Jh. zurückreichen und die hier seit 1945 offiziell betrieben wird. In den Sommermonaten wird kein Olivenöl produziert, dennoch kann man durch die Produktionshalle schlendern und sich per **Video** über den Produktionsprozess informieren. Anschließend kann man sich im zugehörigen **Geschäft** mit Extra-Vergine-Öl in Bioqualität, Kosmetika aus Olivenöl, Produkten aus Olivenholz oder vakuumverpackten Oliven eindecken. Noch spannender ist freilich **ein Besuch im Winter,** wenn die Bauern aus der Umgebung hier ihre Oliven verarbeiten lassen und man bei der Produktion hautnah dabei sein kann.

› **Hatzipetros** <43> Tel. 2242069528, http://kosoliveoil.com, im Sommer Mo.–Sa. 9–21, So. 9–14 Uhr, im Winter teilweise rund um die Uhr geöffnet, Eintritt frei

Der reizvollste Ort in Tigáki ist zweifelsohne das **Salz-Biotop Igroviótopos Alikís** [F1] westlich der Stadt, an dem **Radtour 2** (s. S. 90) vorbeiführt. Durch den hohen Salzanteil im Wasser wirkt der riesige See teilweise, als sei er zugeschneit – und die weiße Salzschicht legt sich wie eine weiße Decke über die Ufer. Auf den gut ausgebauten Wegen rund um den See kann man stundenlang spazieren gehen und die Seele baumeln lassen.

Essen und Trinken

› **Scala** €€-€€€ <40> am Dorfplatz, Tel. 2242069002. In erster Reihe am Strand werden hier griechische Speisen und Pizzen serviert. Der Service ist hochprofessionell, das Ambiente familienfreundlich.

Durch die Nähe zum Wasser kann man anschließend wunderbar am Wasser dösen oder einen schönen Spaziergang unternehmen.

Aktivitäten

› Auf **The Ranch** (s. S. 100) fühlt man sich nicht nur wie im Wilden Westen, von hier aus werden auch Reittouren an die Strände angeboten.

Unterkunft

› **Ipanema** € <41> leicht zurückversetzt an der Straße ins Inselinnere, Tel. 2242069255. Kleines Hotel mit schöner Terrasse, das auch in der Saison sehr günstige Preise bietet und dem eine Café-Bar angeschlossen ist. Alle Zimmer mit Klimaanlage und TV.

##㉖ Marmári ⭐ [E2]

Μαρμάρι

Marmári ist, ähnlich wie Tigáki ㉕, ein **Touristenort** mit langem Sandstrand, der aber insgesamt kleiner ausfällt als sein Nachbar. Er ist an sich relativ unspektakulär und erstreckt sich entlang der Straße, die von der Hauptstraße zwischen Kos-Stadt und Kéfalos ㊷ abzweigt. Entlang dieser Straße finden sich zahlreiche **Restaurants** und **Hotelanlagen.** Am **reizvollen Strand** kann man auf feinstem Sand liegen und mit Blick auf die Nachbarinsel Kálimnos baden – gerade in den Abendstunden ein echtes Vergnügen. Zudem ist der Küstenstreifen hier weniger dicht bebaut wie andernorts, sodass auch ein Spaziergang eine angenehme Abwechslung bietet. Ein besonders attraktiver Abschnitt befindet sich westlich des Ortes und trägt den Namen **Golden Beach** [E1]. Kostenlose Duschen und Umkleiden sowie in der Saison zahlreiche **Wassersportanbieter** sorgen dafür, dass es den Gästen der Resortanlagen an nichts fehlt.

Aktivitäten

❭ Auf **Erika's Horse Farm** (s. S. 100) unweit des Ortes werden Ausritte an den Strand angeboten, z. B. abends.

❭ **Fun 2 Fun Watersports** (s. S. 87) offeriert neben Surfkursen Kitesurfen, Katamaran-Ausflüge und SUP.

Unterkunft

❭ **Caravia Beach** €€–€€€ <44> am Strand östlich des Ortskerns, https://caravia beach.gr/de, Tel. 2242041291. Große, grüne All-Inclusive-Anlage in schnörkellos-stilvollem Design, ideal für Familien mit Kindern (Pool mit Piratenschiff!). Etliche Freizeitangebote, sodass der Urlaub hier garantiert nicht langweilig wird.

㉗ Mastichári ⭐ [D2]

Μαστιχάρι

Mastichári ist vor allem wegen seines **Fährhafens** von Bedeutung, von dem aus die Schiffe nach Kálimnos (s. S. 71) und Psérimos (s. S. 74) ablegen. Daneben bietet der Ort etliche **schöne Strände** in der Stadt und der Umgebung, dazu Geschäfte, Lokale und Hotels. Im Hafen schaukeln gemütlich einige Fischerboote im Wasser, während die Besitzer am Kai sitzen, ihre Netze flicken und einen Schwatz halten.

Westlich von Mastichári erhebt sich die idyllisch gelegene kleine **Kirche Ágios Ioánnis,** von deren Vorplatz man einen großartigen Ausblick auf das azurblaue Wasser genießt (die Kirche selbst ist meist verschlossen). Ebenfalls westlich stehen die **Ruinen einer Basilika** gleichen Namens aus dem 5. Jh. Hier kann man noch gut den Grundriss und die Reste einiger Mosaike erkennen. Auch das Taufbecken ist gut erhalten.

Angenehm ist ein **Spaziergang** auf dem langen, asphaltierten Weg jenseits der Dünen, der dem Wasserverlauf bis ans Ortsende folgt – gerade abends ein reizvolles Unterfangen.

Der **Strand von Mastichári** besteht aus feinstem Sand. Hier mangelt es an nichts, sogar ein **Basketball-Spielfeld** gibt es, ferner die empfehlenswerte Kite- und Windsurfschule **Windsurfing Kos** (s. S. 87). Im Sommer zählt dieser Strand allerdings zu den belebtesten der Nordküste.

Der nahe gelegene **Dolphin Beach** (s. S. 83), von Mastichári aus gut zu erreichen, gehört ebenfalls zu den schönsten der Insel. An diesem Sandstrand ist meist deutlich weniger los als im Ort, das Meer ist hier relativ wild. Oben auf dem Hügel lockt eine

038ko-mb

nette Snackbar gleichen Namens – hier kann man Boule spielen, während das Wasser unter einem türkisfarben schimmert.

❯ **Kirche Ágios Ioánnis Mastichári** <45>
❯ **Ruine der Basilika Ágios Ioánnis** <46> im Ort am Strandweg ausgeschildert, vor dem Hotel Euro Village links über die Treppen erreichbar

Essen und Trinken

❯ **Kali Kardia** €€ <47> direkt am Hafen, Facebook: KALI KARDIA, Tel. 22420 59289, schon in der Nebensaison geöffnet. Beliebtes Fischlokal mit herzlichen Betreibern, von dessen Terrasse man eine gute Sicht auf das Hafentreiben hat. Auch Frühstück gibt es, dazu einige Grillgerichte, Pasta und außerdem leckere Salate.
❯ **Mavros** €€ <48> südlich des Hafens, Tel. 2242059198. Nettes Lokal in Strandnähe mit zahlreichen Fischspeisen, aber auch Grillklassikern. Deutschsprachiges Personal. Viele Gäste aus Deutschland kommen bereits seit Jahrzehnten hierher, was z. B. Lebkuchenherzen an der

Wand bekunden – ein schönes Kompliment an den aufmerksamen Service und die gute Küche.

❯ **Vios** €€ <49> etwas abseits des Hafens in Richtung Inselinneres, Tel. 2242059330. Erstklassiges italienisches Lokal, das zu den besten der Insel gehört. Neben Klassikern wie Pizza, Pasta und Co. werden auch ungewöhnliche Gerichte wie Pizza mit Wurstrand serviert, dazu gibt es guten Hauswein, elsässisches Bier und schmackhafte Vorspeisen (Tipp: die gefüllten Paprikaschoten, die mit Feta-Käse im Ofen überbacken werden).

Nachtleben

❯ **Number One Bar** <50> im Ortskern. Wunderbar gestaltete Bar mit günstigen Cocktails, zahlreichen Bieren vom Fass und klassischer Rockmusik, die bis spät in die Nacht geöffnet hat.

◹ *Blick auf Mastichári vom Schiff aus*

Einkaufen

> **Ira & Pia** <51> an der großen Straße in Richtung Inselinneres, geöffnet: tägl. 9.30–13.30 und 18–22 Uhr. Reizende, kleine Verkaufsgalerie, in der es neben stilvollem, buntem Schmuck und süßen Mitbringseln mit Katzenmotiven auch handgemachte Keramikartikel gibt. Untergebracht ist das Geschäft in einem schön restaurierten Gebäude, das zu den wenigen Häusern dieser Bauart gehört, die auf Kos noch existieren.

Aktivitäten

> **Windsurfing Kos** (s. S. 87) wird von einem sympathischen Berliner Expat geleitet, der Kurse für Anfänger und Fortgeschrittene veranstaltet, Equipment verleiht und als erste Anlaufstelle für Wind- und Kitesurfer im Ort fungiert.

Unterkunft

> **Apartments Angela Thalia** € <52> nördlich des Hafens, Tel. 2242059112, Buchung über kathrymastihari@yahoo. co.uk. Acht Apartments mit Meerblick für 3–4 Personen mit TV, Klimaanlage, kleiner Küche und Bad. Der Strand ist nur einen Steinwurf entfernt. Einfach, aber konkurrenzlos günstig. Man legt viel Wert auf Ruhe – Partytouristen sind also andernorts besser aufgehoben. Viele Gäste kommen wegen der herzlichen Betreuung bereits seit Jahren hierher.

> **Neptune** €€€ <53> östlich des Ortskerns, etwa auf halber Strecke zwischen Mastichári und Marmári, www.neptune. gr, Tel. 2242058900. Große Ferienanlage, deren Besonderheit ein attraktiver „mythologischer" Skulpturenpark darstellt, der vom Allgäuer Maler und Bildhauer Peter Müller in Szene gesetzt wurde. Für Unterhaltung sorgen Spa, Theater und Pools, auch das Sportangebot kann sich sehen lassen. Zudem ist die Anlage gut in Schuss und in den Ortskern ist es nicht weit.

Inselsüden

㉘ Psalídi Wetlands ★ [J1]

Ψαλίδι

Östlich der Hauptstadt befindet sich das **größte Feuchtgebiet der Insel.** Hier finden sich unzählige **Vögel,** darunter Enten und Flamingos, sowie weitere Tiere in einem einzigartigen **Naturschutzgebiet,** das sich um einen See herum erstreckt – freilich nur im Winter, denn im Hochsommer ist das Gebiet ausgetrocknet und dann gleicht das Habitat einer mäßig bewachsenen Dünenlandschaft. In der **kälteren Jahreszeit** aber ist ein Besuch unbedingt empfehlenswert. Und selbst in wärmeren Monaten lohnt sich eine Stippvisite, zumal ein **Steg** existiert, über den man entlang der westlichen Seite des Biotops bis zum gleichnamigen Strand spazieren kann. Ein früher existierendes Besucherzentrum ist mittlerweile dem Verfall preisgegeben.

> rund um die Uhr kostenlos zugänglich, am besten man parkt beim Hotel Sun Palace und geht rechts daran vorbei bis zum Habitat

㉙ Embrós-Therme ★★ [H2]

Εμπρός Θέρμες

Von Kos-Stadt führt eine anfangs flache, später gebirgige Straße zu einem **Parkplatz** mit einem netten, wenn auch etwas teuren **Kiosk,** der kleine Snacks und Getränke verkauft. Von hier sind es noch fünf Minuten zu Fuß den Berg hinab bis zur einzigartigen Embrós-Therme. Nach Eiern riechendes, **schwefelhaltiges Wasser** rinnt mit einer Temperatur zwischen 40 und 50 °C in ein natürliches, großes Becken. Man fühlt sich wie in einem riesigen Whirlpool, weil aus der

Tiefe kleine Blasen an die Oberfläche steigen. Nach einem ausgedehnten Bad, das übrigens bei **Rheumatismus** helfen soll, kann man gemütlich am **feinen Kiesstrand** liegen und den Blick aufs Meer und die steil abfallenden Klippen genießen – oder nebenan in der charmanten **Beachbar** mit Liegestühlen und Bastschirmen entspannen.

Natürlich wissen viele das besondere Flair der Therme zu schätzen, weshalb angesichts vieler Touristen tagsüber leider viel vom Charme dieses Ortes verloren geht. Man tut also gut daran, die Therme entweder in der **Nebensaison** aufzusuchen (wer will schon in heißem Wasser schwitzen, wenn die Außentemperaturen nur unwesentlich niedriger sind?), ganz früh am **Morgen** oder aber bei **Sonnenuntergang** zu kommen, wenn es hier spürbar ruhiger zugeht.

> ganzjährig rund um die Uhr kostenlos zugänglich. Es gibt **keine Umkleidekabinen.**

☐ *Embrós-Therme* ㉙ *: vor allem im Winter ein beliebter Anlaufpunkt*

> **Michelangelo Resort & Spa** €€-€€€ <54> am Strand **Ágios Fokás** im Südosten der Insel, auf dem Weg zur Embrós-Therme erreichbar, www.michelangelo.gr, Tel. 2242045900. Abgelegene Unterkunft zum Wohlfühlen mit schönem Infinity-Pool, hervorragenden Restaurants und Bars, einem umfangreichen Spa-Angebot und sehr aufmerksamem Service, der keine Wünsche offenlässt. Bushaltestelle direkt vor der Tür.

㉚ Kardámena ★ [E4]

Καρδάμαινα

Kardámena, der **zweitgrößte Ort der Insel**, ist sicherlich alles andere als ein klassisches griechisches Küstendorf. Vielmehr gleicht es einer **britisch geprägten Kleinstadt** und präsentiert sich recht modern. Nichtsdestotrotz hat Kardámena einen gewissen Charme, auch weil sich die leider auch auf Kos präsenten Hotelburgen eher dezent auf die Außenbezirke verteilen.

Der Ort entstand auf den Ruinen der antiken Siedlung **Alásarna**. Aus dieser Epoche ist im Westen der Stadt eine kleine **Archäologische Zone** mit den Resten eines Apollon-Heiligtums erhalten, die im Ort gut ausgeschildert ist – viel zu sehen gibt es allerdings nicht. Früher befand sich hier zudem ein Theater, später wurde die Anlage von Christen genutzt. Außerdem lassen sich die Reste einer Basilika aus dem 5. Jh. bestaunen.

Am **Hafen,** wo in der Saison viele afrikanische Händler ihre Waren anbieten, kann man wunderbar flanieren. Die **Strände** und Felsen links und rechts des Hafens laden zum Sonnen und Baden ein.

Wer sich ins **Nachtleben** stürzen möchte, ist vielleicht an keinem Ort der Insel (abgesehen von Kos-Stadt) so gut aufgehoben wie hier: Zahlreiche Bars, Klubs, Pubs und Karaoke-Läden erstrecken sich nördlich des Hafens. Rund um die **Platía Eleftherías** kann man sehr nett beim Abendessen sitzen. Wunderschön ist zudem die weiß-blaue **Dorfkirche Ierós Naós Genesíou Theotókou** in der Ortsmitte, die, umgeben von Nachtklubs und modernen Bauten, tapfer den Geist des alten Griechenlands verteidigt.

Einen Besuch wert ist ferner das kleine **Folklore and Naval Museum** am Hafen. Die von Freiwilligen der Gesellschaft Argo geführte Einrichtung fungiert gleichzeitig als Kulturzentrum. Hier erhält man einen Einblick in die Wohnverhältnisse einer Fischerfamilie, bevor der Touristenboom einsetzte, außerdem sind Militaria und Memorabilien zu sehen. Gelegentlich werden griechische Abende oder traditionelle Tanzfeste veranstaltet.

> **Folklore and Naval Museum** <55> unregelmäßig geöffnet, Eintritt frei, Spende erbeten, Facebook: „Kardamaina" (mit sehenswerten historischen Fotos)

Essen und Trinken

> **Roi Mat** <56> Paralía Kardámainas, auf Facebook, Tel. 2242092397. Lässige (Beach-)Bar mit leckeren Snacks, ideal für eine kleine Pause während eines Strandtags. Sehr freundliches und zuvorkommendes Team, gute Bierauswahl.

> **Special** <57> am Kreisverkehr vor dem Supermarkt, Tel. 2242022087. Die Zuckerbäcker dieses kleinen Betriebs verstehen ihr Handwerk. Neben griechischen Köstlichkeiten gibt es auch türkische Süßspeisen und Sandwiches, sodass sich das Lokal auch für eine kleine Snackpause anbietet. Auch das Eis ist nicht zu verachten, die Portionen sind allerdings so mächtig, dass man sich gut überlegen sollte, wie viel man davon vor dem Sprung ins Wasser verdrücken möchte.

> **Starlight Beach Bar** <58> südlich des kleinen Hafens, auf Facebook, geöffnet: Mai–Okt. ab dem Vormittag. Einladende Strandbar mit Sonnenbetten, entspannter Chillout-Musik und relaxtem Publikum. Gute Küche!

> **Teo's Taverna** €-€€ <59> direkt am Hafen, Tel. 2242092757. Nette traditionelle Taverne mit deutschsprachigen Betreibern. Schmackhafte Fischgerichte und griechische Grillklassiker stehen auf der Karte. Dass hier auch viele Einheimische einkehren, ist das beste Kompliment, das man einem Lokal in einem so touristisch geprägten Ort machen kann.

> **Yalos** €€-€€€ <60> direkt am Hafen, Tel. 2242092490, auf Facebook. Seafood und griechische Grillgerichte, die vorwiegend auf lokalen Zutaten basieren. Ausgesprochen freundliche Bedienung und viele einheimische Gäste.

Nachtleben

> **Starlight Club** <61> nördlich des Ortskerns, Facebook: StarlightClubOfficial, nur in der Saison geöffnet. Einer der bekanntesten Klubs der Insel, in dem vor

allem junge Leute mit einem Faible für harte Bässe und Schaumpartys auf ihre Kosten kommen.

❯ **Stone Roses Bar** <62> Platía Eleftherías, www.facebook.com/stonerosesbar, tägl. 10–2 Uhr. Angenehme Bar mit gemütlichen Sesseln, die zahlreiche Cocktails anbietet und bereits in den Morgenstunden guten Kaffee zaubert.

Einkaufen

❯ **I love Kos** <63> unweit des Einkaufszentrums Kritikós, geöffnet: April–Okt. tägl. 9–23 Uhr. Kleiner Laden mit freundlichem Betreiber, der Strandmode und -bedarf aller Art, aber auch lokale Produkte wie Süßwaren, Olivenöl und kleine Mitbringsel feilbietet.

❯ **The Shop** <64> in der Parallelstraße der Hafenpromenade, geöffnet: April–Nov. tägl. 9.30–23 Uhr. Die sympathische Liverpoolerin Jo, die hier seit Jahrzehnten lebt, vertreibt in ihrem kleinen Geschäft neben italienischer Mode unter anderem schicke, handgefertigte Ledersandalen aus Griechenland.

Aktivitäten

❯ Das vornehmlich junge Partypublikum im Ort pilgert in Scharen zum **Kardamena Water Sports Center** (s. S. 85), wo die Kunden Parasailing, Surfen, Wasserskifahrten und Co. erwarten.

Unterkunft

❯ **Philippos Studios & Apartments** € <65> am Banana Beach, geöffnet: Mai–Okt., Buchungsanfragen über filipposp@hotmail.com oder Tel. 6972074107. Direkt am Strand bietet der freundliche Betreiber seit rund 30 Jahren günstige, kleine Apartments für 2 bis 4 Personen. Von vielen Zimmern hat man eine tolle Sicht auf das Meer und die Berge. Frühstück optional, Swimmingpool auf dem Nachbargrundstück. Preisnachlässe bei Direktbuchung und in der Nebensaison.

Im Herzen der Insel

㉛ Zipári ★ [F2]

Ζιπάρι

Die kleine Ortschaft an der Hauptstraße wird von Touristen meist ignoriert oder, wenn überhaupt, für einen Tankstopp oder einen kleinen Imbiss aufgesucht. Und tatsächlich bietet Zipári selbst nur wenige Sehenswürdigkeiten.

Etwas außerhalb des Ortes in östlicher Richtung befindet sich jedoch die ausgeschilderte **Ruine** der frühchristlichen **Basilika von Kapamás**, die vom oberhalb gelegenen Parkplatz einsehbar ist. Gut erhalten ist das Baptisterium, das leider meist nicht zu besichtigen ist (was viele nicht davon abhält, unter dem Zaun hindurchzuschlüpfen). Aber auch von oben lassen sich einige Mosaike erkennen, die, ebenso wie der Rest der Anlage, bei archäologischen Ausgrabungen in den 1930er-Jahren freigelegt wurden.

Östlich von Zipári und südlich der Hauptstraße steht auf freiem Feld die nicht ausgeschilderte **Ruine** der ebenfalls frühchristlichen **Basilika Ágios Pávlos**. Über den Bau ist nur wenig bekannt, aber zumindest die Grundstruktur des kleinen Gebäudes und dessen Mauerwerk sind gut erhalten. Die einst stolze, 21 mal 15 Meter messende Kirche ist **nicht ganz leicht zu finden**: Am besten man parkt das Auto beim Kleidungsgeschäft nahe dem Supermarkt, geht ein paar Meter in Richtung Ortskern, dann über die Steinrampe und die Steintreppe und folgt dem Pfad nach links. Nun muss man eine geeignete Stelle suchen, wo man den kleinen Hang hochkraxeln kann und schon ist man da.

㉜ Zía ★★ [F2]
Ζία

Das **kleine Bergdorf**, das den Ausgangspunkt für die **Wanderung 1** (s. S. 93) bildet, kann heute wie damals über eine **Serpentinenstraße** erreicht werden, die sich malerisch von der Hauptstraße hinauf in den Ortskern windet.

War Zía einst ein beschaulicher Flecken in einem hübschen Nadelwald, so ist der Ort heute ganz vom **Tourismus** geprägt: In den Gassen drängen sich die auf ausländische Kundschaften ausgelegten **Souvenirgeschäfte** und **Lokale** eng aneinander – gefühlt gibt es hier mehr Restaurants als Einwohner. Nichtsdestotrotz besitzt der Ort nach wie vor Charme und rund um die beiden Hauptplätze findet man noch viel von dem, was man als „Bilderbuchgriechenland" bezeichnen könnte.

Gerade abends ist in Zía viel los, denn von den Terrassen der Lokale genießt man inselweit den vielleicht **eindrucksvollsten Blick** auf den **Sonnenuntergang**. Sehenswert ist außerdem die **Dorfkirche**. Sie stammt aus dem 11. Jh. und steht meist offen. Hier sind neben den schönen Wand- und Deckenmalereien auch die goldenen Leuchter sehenswert. Der Platz um die Kirche wird von der Bevölkerung auch als „Nussbaum" bezeichnet, da hier einst viele Nussbäume blühten.

Oberhalb der Kirche lebt die freundliche Dame **Kula** am Ortsausgang in einem **historischen Haus von 1900,** das kostenlos besichtigt werden kann. Sie spricht zwar nur Griechisch, ist aber sehr zuvorkommend und führt ihre Gäste durch das kleine Gebäude, in dem die Zeit stehengeblieben zu sein scheint, wenn man sich den laut plärrenden Fernseher im Wohnzimmer einmal wegdenkt (einfach im Ort nach Kula fragen, sie freut sich über eine kleine Spende).

㉝ Natural Traditional Park of Zia ★ [F2]
Der **kleine Park am Ortseingang** von Zía ㉜, in dem vor allem lokale Pflanzen angebaut wurden, gibt einen aufschlussreichen Überblick über die **lokale Tier-** und (in eingeschränktem Umfang) **Pflanzenwelt.**

Beim Rauschen eines kleinen, künstlichen Baches kommt man relativ nah an Hirsch, Igel, Schildkröte, Hase und Co. heran – gerade für kleine **Kinder** ist das ein großer Spaß. Die Gehege könnten insgesamt etwas größer sein, dennoch ist ein Besuch der Anlage vor allem bei **Sonnenuntergang** ein Erlebnis, denn von dem günstigen **Café** im oberen Parkbereich genießt man einen ebenso schönen Ausblick auf das Naturschauspiel wie von den Terrassen der teureren Ausflugslokale im Ort selbst. Hier gibt es außerdem köstlichen Tee, der aus den Kräutern des **Minizoos** gewonnen wird.

❯ www.kosnaturalpark.gr, geöffnet: April–Okt. 9.30 Uhr bis 30 Min. nach Sonnenuntergang, Eintritt: Erw. 3 €, erm. 1,50 €

Essen und Trinken
❯ Nerómilos tis Zías € <66> im Ortskern, auf Facebook: water mill of Zia, Tel. 6972292109. Die „Wassermühle von Zía" heißt ihre Gäste bereits ab dem Vormittag willkommen. Von der Terrasse mit den farbenfrohen Stühlen hat man später auch eine famose Sicht auf den Sonnenuntergang. Die Speisekarte ist klein und aufgeräumt. Es gibt hauptsächlich Snacks, deren Qualität durchweg erstklassig ist. Der griechische Joghurt mit Nüssen oder Früchten schmeckt nur an

EXTRATIPP

Ein Besuch in Lagoúdi

Obwohl nur rund einen Kilometer nördlich von Zía ❸❷ gelegen, verirrt sich kaum ein Tourist in das verschlafene, traditionelle Bergdorf, dessen einzige bedeutende Sehenswürdigkeit die schmucke, meist offen stehende **Ortskirche Zoodóchos Pigí** ist. Sie wurde 2017 renoviert und erstrahlt heute wieder in altem Glanz. Errichtet wurde das Gotteshaus 1913, in den 1980er-Jahren erfolgte eine Umgestaltung. Im Zentrum der Kuppel ist Christus als Pantokrator (Weltenherrscher) zu sehen, darunter die vier Apostel an der Seite. Zahlreiche schöne Heiligendarstellungen zieren die Kirchenwände, auch die Leuchter sind sehenswert. Die Kirche wurden komplett aus Spenden von der Dorfbevölkerung finanziert und präsentiert sich als Ort der Stille und Entspannung. Der sympathische Priester erklärt Gästen gern auch auf Deutsch die prachtvolle Ausstattung der Kirche.

❯ **Kirche Zoodóchos Pigí** ‹70›

Unweit der Kirche ist am unteren Ende der Straße die sympathische Belgierin Christina zu Hause. Die **Gemälde- und Schmuckkünstlerin** wacht über diese Oase der Ruhe und verkauft hier ihre Werke. Neben fantasievollen Ikonen, Schmuck und Antiquitäten bietet sie auch drei **Apartments** und ein **Gästehaus** zur Miete und führt ein **lauschiges Café**, von dessen Terrasse sich ein **herrlicher Panoramablick** über den Inselnorden eröffnet. Im Café werden leckere Speisen gereicht – einfach fragen, was es gerade gibt. Einer dieser Orte, an denen man die Zeit vergisst …

❯ **Art Cafe Gallery Oraia Ellas** ‹71›
Tel. 2242069004

wenigen Orten auf der Insel so gut wie hier. Freundlicher Service.

❯ **No Stress** €€ ‹67› am oberen Ortsende, auf Facebook, Tel. 2242068173. Einladendes, alteingesessenes Terrassenlokal mit klassischer griechischer Küche, sehr netten Betreibern und – der Name sagt es bereits – relaxter Atmosphäre. Ob es hier wirklich das beste Moussaka Europas gibt, wie ein Schild selbstbewusst verkündet? Zumindest ist das Gericht hier ausgesprochen schmackhaft.

❯ **Sunset Balcony 2** €–€€ ‹68› am Ortseingang, auf Facebook, Tel. 6948881018, Ende April–Okt. tägl. 10 Uhr bis zum letzten Gast. Panagiótis, Spross einer lokalen Familie, die das empfehlenswerte Sunset Balcony Nr. 1 vor der Dorfkirche betreibt, damals das erste Lokal im Ort, verwöhnt seine Gäste hier mit leckeren Cocktails und hausgemachter Limonade. Die griechischen Klassiker werden aus der Küche des elterlichen Lokals hierhergebracht. Der Sonnenuntergang lässt sich wunderbar von der Terrasse erleben. Reservierung empfohlen, gleiches gilt für das Originallokal.

Einkaufen

❯ **The Positive Shop** ‹69› www.thepositiveshops.com, Tel. 2242069708, April–Okt. fast tägl. 10–13 und 16–23 Uhr. Kleiner Laden mit handgemachten Schildern. Der sympathische Künstler Vasílis, der diese kunterbunte Kombination aus Geschäft und Werkstatt am Aufgang zur Dorfkirche führt, bemalt nach Wunsch auch individuelle Schilder, die es schon ab 20 € pro Stück gibt. Hier lässt sich die Urlaubsstimmung also gewissermaßen konservieren und mit nach Hause nehmen.

▷ *Die Ruinen von Paleó Pilí zählen zu den eindrucksvollsten Orten im Inselinnern*

㉞ Chaichoútes ★★ [G2]

Χαϊχούτες

Unweit der Straße von Kos-Stadt nach Zía ㉜ befindet sich das **verlassende Dorf** Chaichoútes. Es war ab den 1840er-Jahren bewohnt, aber schon etwas mehr als hundert Jahre später verließen es die Bewohner, da der sich anbahnende Tourismus in den Küstenorten einträglicher war als die Landwirtschaft, zumal die Böden hier in den Bergen schwerer zu bestellen waren als im Flachland. Ein einziger Mann harrte allerdings aus und verließ erst 2007 das Dorf, in dem man durch die heute **dächerlosen Häuser** flanieren kann, welche früher mit Schilf bedeckt waren.

In einem der Gebäude ist ein kleines, kostenloses **Museum** untergebracht, das eine typische Wohnung aus der damaligen Zeit zeigt. Auch die hübsche **Kirche Ágios Dimítrios** steht noch, sie ist jedoch meist verschlossen. Ein Stückchen weiter den Berg hinauf eröffnet sich von dem kleinen Mäuerchen eine schöne Sicht auf die Nachbarinsel Psérimos. Außerdem gibt es ein charmantes, kleines **Café** im Dorf, das gerade abends einen Besuch lohnt:

❯ **Khaikhutes** <72> Ortskern, Tel. 6932637905, Mai–Okt. tägl. 9 Uhr bis spät in die Nacht. Abends, wenn keine Touristen mehr im Dorf sind, kommen vor allem Gäste aus den umliegenden Dörfern – dann wird klassische griechische Kost serviert. Freitags finden hier häufig Konzerte statt.

㉟ Paleó Pilí ★★★ [F3]

Παλαιό Πυλί

Bei Paleó Pilí („Alt-Pilí") handelt es sich um die Überreste eines Dorfes aus dem 11. Jh. Seit dem Jahr 1830, als die Bewohner im Zuge einer Cholera-Epidemie in andere Ortschaften zogen, ist die Siedlung verlassen – ein Geisterdorf also.

Vom **Parkplatz** führt ein steiler Weg auf Stufen in das Dorf. Unterwegs passiert man zunächst die **Kirche**

Ierós Naós Raziarchón. Später gelangt man in den Dorfkern, wo man nach Lust und Laune durch die Ruinen stapfen kann. Gut erhalten ist die **Kirche Ierá Moní Panagías ton Kastrianón.** Einst befand sich hier auch ein **Kloster,** das vom **hl. Christodoulos** im 11. Jh. gegründet wurde. Dieser aus der heutigen Türkei stammende Abt war ein viel gereister Mann und verteidigte die Anlage gegen Piratenangriffe. Auf Geheiß des byzantinischen Kaisers gründete er mehrere derartige Anlagen, u. a. auf Pátmos, das ihm aus Dankbarkeit als ewiges Lehen übertragen wurde.

Oben auf dem Berg thront das Highlight der Siedlung, die mächtige **byzantinische Burg.** Der Aufstieg zur Festung ist nicht ganz ohne und sollte nur mit **festem Schuhwerk** erfolgen – ein falscher Schritt könnte fatale Folgen haben. Von oben bietet sich eine **sagenhafte Aussicht** auf die

türkische Küste, auf die Inseln Psérimos und Kálimnos sowie die umliegenden Berge.

Nach dem strapaziösen Aufstieg ist es gut, dass auf der anderen Seite des Dorfes oben am Berg noch ein kleines Lokal wartet: Die **Cofe Bar Oria** bietet einen schönen Blick auf die verlassene Siedlung und ist gleichzeitig Kos' höchstgelegenes Lokal.

> ❯ **Anfahrt:** über Pilí **36**, von dort nach Amanioú und weiter über die steile Straße hinauf zur alten Stadt, ganzjährig rund um die Uhr kostenlos zugänglich

36 **Pilí** ★★   [E2]

Πυλί

Der kleine Ort dient vielen Kos-Besuchern als **Durchgangsstation** oder wird wegen der netten Lokale aufgesucht, dabei verfügt er über einige attraktive Sehenswürdigkeiten, die sich bequem im Rahmen eines kleinen Spaziergangs durch den Ort erkunden lassen.

Am **Hauptplatz** mit dem modernen Brunnen steht etwas versetzt das sogenannte **Traditional House** – eine kleine, nachgebaute Wohnung, wie sie auf Kos vor dem Krieg typisch war. Wenn man durch die drei ausgesprochen fotogenen Räume geht, kommt es einem vor, als wären die Besitzer nur kurz Wasser holen. Gleichwohl bekommt man einen Eindruck von den harten, entbehrungsreichen Zeiten.

Neben dem Haus steht eine von außen kaum als solche auszumachende, dafür meist offen stehen-

◁ *Im Traditional House in Pilí erhält man einen Einblick in die Lebenswelt der Dorfbewohner von einst*

de Kapelle, die **Ekklisía Evangelíst-rias** mit 300 Jahre alten Ikonen und Fresken, die von einem unbekannten Künstler stammen.

Hinter dem Gebäude kann man gleich die monumentale **Hauptkirche des Ortes** ausmachen, die dem heiligen Nikolaus geweiht ist: **Ágios Nikólaos.** Das für eine orthodoxe Kirche relativ helle Gotteshaus wurde im Jahr 1902 errichtet, die schönen Ikonen stammen von 1911. Sollte das Gebäude einmal verschlossen sein, kann man im Gebäude rechts nach dem Schlüssel fragen. Die Koer gelten als sehr religiös und dass sich hier zwei Kirchen direkt nebeneinander befinden, ist ein guter Beleg dafür. Auf einer Fläche von lediglich 3 mal 3 Kilometern finden sich insgesamt über 50 Kirchen, Kapellen und Schreine – einsame Spitze auf der Insel.

Etwas außerhalb des Ortes, man gehe hierzu oberhalb der Kirche ein Stück nach links und folge der **Beschilderung „Charmylon"**, gelangt man zu einer weiß getünchten **Kapelle,** die auf den ersten Blick nichts Besonderes darstellt, aber auf einer alten, hellenistischen Grabanlage errichtet wurde, die von Weitem an ein Abwasserrohr erinnert und heute betreten werden kann. Möglicherweise sollte der Bau die Dominanz des Christentums über die heidnischen Götter der Antike symbolisieren; weshalb die Anlage aber unversehrt blieb, ist nicht bekannt. Insgesamt zwölf Kammern umfasst der kleine „Grabtunnel", der einer lokalen Herrscherfamilie vorbehalten war.

Zurück am Dorfplatz geht es in die entgegengesetzte Richtung zum schönen **Dorfbrunnen,** aus dem die Bewohner Pilís noch immer ihr Wasser schöpfen, genau wie im 16. Jh., als der Brunnen errichtet wurde. Von hier hat man eine schöne Aussicht auf die Obstbäume südlich der Anlage. Nebenan sind die **Reste einer Johanniterfestung** (zu den Johannitern: s. S. 16) erhalten, die heute leider ziemlich heruntergekommen ist.

Radtour 1 (s. S. 89) führt durch den Ort.

> **Traditional House Pilí** <73> geöffnet: tägl. 9 – 17 Uhr, Eintritt: 1,50 €, bis 12 Jahre frei

Einkaufen

> **Busstop Gallery** <74> unweit des Dorfplatzes an der Bushaltestelle. Der Österreicher Kurt (Künstlername „Sol") und seine niederländische Frau Nel stellen in dieser farbenfrohen Galerie nicht nur Kurts Bilder aus, sondern verkaufen neben diesen u. a. auch handgemachten Silberschmuck und Keramik griechischer Künstler.

Aktivitäten

> Der erfahrene deutsche Anbieter **Alfa-Horse** (s. S. 100) veranstaltet Touren durch die Berge und achtet dabei sehr auf das Tierwohl.

37 Andimáchia ★★ [D3]

Αντιμάχεια

Andimáchia (auch Antimáchia) wäre ein Ort, wie es auf Kos viele gibt: mehrere schmucke Kirchen, ein Platz mit Tavernen und ein paar älteren Herrschaften, die hier den ganzen Tag Karten spielen – wären da nicht die berühmten **Ruinen der Johanniterfestung** 38 und zwei interessante Sehenswürdigkeiten im Zentrum, die sich praktischerweise direkt nebeneinander befinden:

Die **historische Windmühle** ist eine der wenigen noch aktiven Mühlen Griechenlands und zählt bereits

044-ko-mb

stolze 150 Jahre. Vor wenigen Jahren wurde sie aufwendig renoviert und mahlt seitdem wieder. Bei einer **deutschsprachigen Führung** erfährt man allerhand über den Herstellungsprozess des Mehls und die Geschichte des Gebäudes und darf sogar selbst einmal das Mühlrad drehen. Der Mühle ist ferner ein kleiner **Laden** angeschlossen, in dem es inseltypische Souvenirs wie Olivenöl und Gewürze gibt, aber auch originelle **vegane Kekse**, die aus dem in der Mühle gewonnenen Mehl hergestellt werden. Tsatsiki- und Ouzo-Kekse schmecken tatsächlich besser als der Name vermuten lässt, daneben gibt es aber auch klassische süße Sorten.

Auf der anderen Straßenseite wartet das sogenannte **Traditional House**. Auf Kos gibt es mehrere solcher Häuser, die anschaulich das einfache Leben der Dorfbevölkerung, wie es bis ins frühe 20. Jh. üblich war, verdeutlichen – dieses ist aber vielleicht das schönste. Es lohnt sich,

hier einige Zeit zu verweilen und die liebevoll gestaltete Ausstellung zu begutachten.

> **Historische Windmühle Andimáchia** <75> geöffnet: tägl. 9–17.30 Uhr, Eintritt: Erw. 2,50 €, Kinder bis 14 Jahre frei, im Rahmen von Gruppen nur 1,50 €, dann aber mit deutlich verkürzter Führung

> **Traditional House Andimáchia** <76> geöffnet: Mo.–Sa. 9–17, So. 11–15 Uhr, Eintritt: 1 €

❸❽ Festung Andimáchia ★★★ [E3]

Κάστρο Αντιμάχειας

Auf einem Plateau in der Inselmitte thront diese **trutzige Burg der Johanniter** (s. S. 16), die gleichzeitig das wichtigste Ziel der auf S. 95 beschriebenen **Wanderung 2** ist. Der Standort auf dem Plateau war früher ideal, um die Inselmitte und den Süden gegen Eindringlinge zu verteidigen, und gewährleistete einen weiten Blick über das Flachland aufs offene Meer, den Besucher heute noch zu schätzen wissen.

Die mächtige Anlage wurde im 14. Jh. errichtet und konnte mehrmals erfolgreich gegen **osmanische Angriffe** verteidigt werden. Nachdem es den Osmanen gelungen war, die Festung Neratziá ❷ in Kos-Stadt einzunehmen, zogen sich Hunderte Inselbewohner hierhin zurück. Während der nachfolgenden Belagerung starben lediglich 15 Johanniter, aber 1000 Angreifer; ihre Kameraden mussten sich zurückziehen. Als

◹ *Ruhe und Abgeschiedenheit verspricht die Festung Andimáchia*

◿ *Entspannung und Idylle pur im Hippocrates Garden*

die Insel längst unter osmanischer Kontrolle war, lebten hier noch Menschen, die später in das gleichnamige Dorf ③⑦ übersiedelten. Beim Erdbeben von 1926 wurden dann – mit Ausnahme der beiden Kirchen und der Mauern – die meisten Gebäude dem Erdboden gleichgemacht und anschließend nicht wieder aufgebaut.

Beim Gang durch die Anlage fällt die sehenswerte **Inschriftentafel** über dem Eingang auf, die das Jahr 1494 ausweist, als bedeutende Umbauten an der Festung vorgenommen wurden. Die beiden Kirchen werden noch immer genutzt: Die kleinere von ihnen, die **Kapelle Ágios Nikólaos** aus dem Jahr 1520 mit teilweise erhaltenen Fresken, steht im Gegensatz zu ihrer großen Schwester, der **Kirche Agía Paraskeví** aus dem frühen 18. Jh., meist offen. Erstere verfügt unter anderem über ein gut zu erkennendes, wenngleich verwittertes Fresko des hl. Christophorus mit dem Jesuskind.

Weiterhin lohnt ein Besuch des zum Teil erhaltenen **Eckturms**, von dem aus man gut die Inseln südlich von Kos ausmachen kann. Ein Spaziergang entlang der gut erhaltenen Zinnen nahe dem Haupteingang vermittelt einen Eindruck davon, welch herausragende strategische Bedeutung die Festung einst hatte.

❭ rund um die Uhr kostenlos zugänglich

③⑨ Pfauenwald Pláka ★★ [D4]

Πλάκα

Unweit des Flughafens (s. S. 114) führt an der Kapelle eine schmale Straße in ein kleines, **kiefernbewachsenes Waldstück**. Die kurze Fahrt geht vorbei an der kleinen Kirche Agía Anastasía. Sobald man den **Parkplatz** erreicht, befindet man sich schon mit-

ten in der grünen Lunge der Insel, die zu ausgiebigen Spaziergängen einlädt. Berühmt ist der Wald vor allem wegen der unzähligen **Pfauen**, die hier leben und kaum Scheu vor Menschen haben. Der Pfauenwald ist das ideale Ziel für einen Familienausflug, gerade mit kleinen **Kindern** (Hunde sind verboten). An den Tischen am Parkplatz kann man zudem wunderbar **picknicken** oder bei den Händlern etwas Futter für die Pfauen erwerben.

❭ rund um die Uhr kostenlos zugänglich

④⓪ Hippocrates Garden ★ [D3]

Ein Ort der Ruhe und Entspannung befindet sich unweit des Flughafens abseits einer schlecht ausgebauten Schotterpiste. Der **Garten des Hippokrates** (zum berühmten Namensgeber s. S. 36) ist ein Komplex, der unter anderem ein **Mini-Museum der Medizin** in einem schmucken Steinhaus beherbergt, das nach der Tradition griechischer Landhäuser errichtet wurde. Es umfasst ferner eine kleine **Bibliothek**.

043ko-mb

Auf dem gesamten Gelände sind zahlreiche Pflanzen und exotische Bäume heimisch. Im kleinen **Botanischen Garten** erfährt man auf Deutsch allerhand über die Wirkungsweise dieser Bäume und Kräuter. Nebenan befindet sich ein schönes, nachgebautes antikes Häuschen, in dem das Alltagsleben früherer Jahrhunderte präsentiert wird. Die Scheune daneben birgt eine **Ausstellung zum Thema Landwirtschaft.** In dem kleinen **Theater** finden heute diverse Veranstaltungen statt. Neben dem Eingang befindet sich ein kleiner Schlafraum, der an die Heilschlafzimmer in der Antike erinnert, wie es sie beispielsweise auch im Asklepieion **㉔** gab. Oben auf dem kleinen Berg ist der sogenannte **Tempel des Apollon** zu sehen, eine kleine Bühne mit Säulen, von der man einen wunderbaren Ausblick auf das Umland genießt. In dem kleinen angeschlossenen **Bioladen** lassen sich Kosmetika, Kräuter und Öle erstehen. Die Mitarbeiter nehmen sich viel Zeit und klären über antike Heilmethoden und Philosophien auf.

❯ Cultural Center „Ancient House – Hippocrates Garden", Tel. 2242059297, www.hippocratesgarden.gr, geöffnet: tägl. 9–21 Uhr, Eintritt 5 € (inkl. leckerem Heiltee, den man unter dem Baum genießen kann)

Halbinsel Kéfalos
Κέφαλος

Die Halbinsel Kéfalos („Kopf") bildet den westlichen Abschluss von Kos und weist einen spürbar anderen Charakter als der Rest der Insel auf. Insgesamt geht es hier beschaulicher zu als anderswo.

Schon auf dem Weg zur Halbinsel erstrecken sich zu beiden Seiten der Hauptstraße einige der **reizvollsten Strände** von ganz Kos. Es folgen **Kámbos ㊶** mit seiner sehenswerten Kirchenruine, der moderne Badeort **Ónia** [B4] und schließlich das Dorf **Kéfalos ㊷**, zu dem die beiden erstgenannten Ortschaften offiziell gehören. Der Ort selbst liegt idyllisch in den Bergen, sein **Hafen Kamári** [B5] wirkt relativ verschlafen. Entlang des gesamten Küstenstreifens finden sich viele Hotels, Läden und Restaurants, ist man aber im Bergdorf Kéfalos angelangt, hat man unversehens das Gefühl, als wäre der Tourismus ganz weit weg, denn das Dorf hat sich in der Tat seinen **urtümlichen Charakter** bewahrt.

Westlich und südlich von Kéfalos sind die Straßen teilweise in einem katastrophalen Zustand, dafür locken hier empfehlenswerte **Wanderpfade** rund um den **Berg Zíni** mit seiner mythischen **Höhle Áspri Pétra ㊸**. Im

Westen gibt es tolle, einsame Strände mit kristallklarem Wasser. Die Reise dorthin ist manchmal beschwerlich, die Mühe lohnt sich aber. Zur Erkundung bietet sich insbesondere **Wanderung 4** (s. S. 98) an.

Der Norden der Halbinsel ist relativ dünn besiedelt, schön ist hier insbesondere der Strand **Limnionas Beach** (s. S. 84) mit seinem Schutzhafen. Kéfalos vorgelagert und von Kámbos aus schwimmend zu erreichen ist die **Insel Kastrí** [B5] mit ihrer kleinen Kirche. Letztere zählt zu den beliebtesten Fotomotiven der Insel, gerade bei Sonnenaufgang bietet sich hier ein einzigartiges Bild.

❹❶ **Kámbos** ★★ [B4]

Κάμπος

Als erste Ortschaft auf der Fahrt nach Kéfalos ❹❷ erreicht man Kámbos, das zunächst nicht viel mehr zu bieten scheint als eine Ansammlung schicker Hotels und Villen. Begibt man sich jedoch ans Wasser, so fallen die drei Schätze auf, mit denen die kleine Gemeinde aufwarten kann:

Der **lange Sandstrand** ist hier relativ breit und bietet Urlaubern somit auch in der Saison ausreichend Platz. Vom Strand aus kann man die einzigartige kleine **Felsinsel Kastrí** [B5] etwa 100 Meter vor der Küste gut sehen (genau wie übrigens bei der Anfahrt von der Hauptstraße aus). Gute Schwimmer können die Insel problemlos erreichen, gelegentlich wird sie von Ausflugsbooten angesteuert. Insbesondere die reizende kleine, dem hl. Nikolaus geweihte **Kirche** stellt ein beliebtes Fotomotiv dar.

◁ *Spektakulär: Blick von den Ruinen der Kirche Ágios Stéfanos auf Kastrí*

Bei einem kleinen Spaziergang am Strand in Richtung Nordosten gelangt man außerdem zu den **Ruinen** einer großen antiken Basilika, der **Kirche Ágios Stéfanos** aus dem 5./6. Jh. Gut erhalten sind einige Säulen, die Grundmauern und ein paar Schmuckmosaike. Von hier ist der Blick auf das benachbarte Kastrí wohl am schönsten. Früher befand sich hier der **Kern der antiken Inselhauptstadt Astipálea**, die vor Kos-Stadt das bedeutendste Zentrum des Eilands war.

❹❷ **Kéfalos** ★★ [B5]

Κέφαλος

Das Dorf mit seinen über 2000 Einwohnern wirkt ein wenig **verschlafen.** Der Ort entstand auf den Überresten der **ersten Inselhauptstadt Astipálea**, 460 v. Chr. erblickte **Hippokrates** (s. S. 36) hier das Licht der Welt. Heute ist Kéfalos das wichtigste Zentrum der abgelegenen Halbinsel gleichen Namens und punktet mit seinem unverfälschten Antlitz. Wenn die Touristenbusse weg sind, geht es hier ganz gemächlich und ruhig zu. Wer einmal ein typisch griechisches Dorf erleben möchte, ist hier also genau richtig.

Schon bei der Fahrt über die **Serpentinen**, die vom Hafen Kamári in den Ort führen, fällt die **Burgruine** auf, welche die Johanniter (s. S. 16) der Nachwelt hinterlassen haben. Sie liegt auf einem Felsvorsprung und ist einer der besten Aussichtspunkte von ganz Kos. Die rund um die Uhr kostenlos zugängliche Anlage ist heute etwas überwuchert, was ihren Charme aber nicht schmälert. Der **Panoramablick,** der im Westen bis zum Berg Díkeos (s. S. 93), den Golf von Kéfalos und die Nachbarinseln im Süden reicht, verdeutlicht die stra-

046ko-mb

tegisch günstige Lage dieser Festung, die deshalb später auch von den Osmanen genutzt wurde.

Von hier oben ist außerdem die **Windmühle** auszumachen, die Teil des 2018 eröffneten Komplexes **Milotópi** ist. Die Anlage besteht aus zwei liebevoll restaurierten Bauernhäusern, besagter Mühle, einem Tunnel und einem geschmackvollen **Bar-Restaurant**, das gerade abends zu den beliebtesten Spots in Kéfalos zählt, vor allem wegen der tollen Aussicht, die man von der Terrasse genießt. Neben der traditionellen **Bauernstube,** die es hier zu bestaunen gibt, und die noch bis vor wenigen Jahrzehnten von einer siebenköpfigen Familie bewohnt wurde, ist auch der alte **Ofen** aus dem 19. Jh. erhalten, in dem nach wie vor Brot für das Lokal gebacken wird. Dieses wird von der Mühle geliefert, deren älteste Bauteile jahrhundertealt sind. Rund um die Mühle

werden Kräuter und Biogemüse angepflanzt, die anschließend im Restaurant zum Einsatz kommen. Durch einen dunklen Gang, der im Zweiten Weltkrieg als Schutzraum diente, geht es zum kleinen **Weinkeller** und zur **Terrasse,** wo die Tour endet.

Nicht weit entfernt steht die moderne **Dorfkirche Isodía tis Panagías** mit ihrer schmucken Kuppel. Das Gotteshaus ist meist geöffnet, die hier zu sehenden Ikonen und Wandmalereien zählen für den Autor zu den schönsten, die man in koischen Dorfkirchen finden kann.

❯ **Milotópi** <77> unweit der Festung, von dort anhand der Windmühle gut auszumachen, https://mylotopi.com, Tel. 2242073000, geöffnet: im Winter tägl. 8–1 Uhr, im Sommer tägl. 9–3 Uhr, Eintritt: im Winter meist frei, dann ohne Führung, in der Saison 5 €, erm. 2–3 € (je nach Alter der Kinder)

❯ **Dorfkirche Isodía tis Panagías** <78>

43 Höhle Áspri Pétra ★ [B5]

Άσπρη Πέτρα

Wer dem Touristentrubel an der Nord-küste von Kos entkommen möch-te und Einsamkeit, Stille und Abge-schiedenheit schätzt, der ist in dieser **Höhle am Fuß des Berges Zini** genau richtig. Sie ist auch ein Anlaufpunkt in **Wanderung 4** (s. S. 98).

Möglicherweise handelte es sich um den in der **Jungsteinzeit** ers-ten bewohnten Ort der Insel. Rund 5000 Jahre alte Tongefäße und Waf-fen, die man hier bei Ausgrabungen in den 1920er-Jahren fand, lassen diesen Schluss zu. Die Steinhaufen, die hier aufgetürmt wurden, stam-men aber vermutlich eher von Touris-tenhand. Die eigentliche Höhle ist we-nig spektakulär, eher schon das mit Geröll versperrte Felstor. Hauptsäch-lich lohnt sich der Besuch wegen der **atemberaubenden Aussicht** auf die Südküste von Kéfalos.

❭ Um zu der Höhle zu gelangen, lasse man sein Auto bei der in Wanderung 4 auf S. 99 erwähnten grünen Stein-stele stehen und folge der Beschrei-bung der Wanderung. Wichtig ist **festes Schuhwerk**.

44 Kloster Ágios Ioánnis Thimianós ★★ [B6]

Άγιος Ιωάννης Θυμιανός

Nur rund 15 Min. benötigt man mit dem Auto vom Örtchen Kéfalos 42 bis zu dieser Klosteranlage, sofern die Achsen halten. Der Name geht auf **Johannes den Täufer** zurück, der Namenszusatz Thimianós erinnert an den **wilden Thymian**, der hier überall

◁ *Von der Johanniterruine hat man eine tolle Aussicht über halb Kéfalos*

EXTRATIPP

Tripití

Der sympathische Landwirt Ioán-nis hat im absoluten Niemandsland an der Küste ein kleines Refugium geschaffen, das neben einem schö-nen **Strand mit Café** auch einen **Mini-zoo** mit Hühnern, Kaninchen und Co. umfasst. In der **kleinen Bucht** kann man wunderbar baden, auch Duschen, Toiletten und Umkleideka-binen gibt es mittlerweile.

❭ **Tripití** <79> Westküste der Halbinsel Kéfalos, ab dem Klos-ter Ágios Ioánnis Thimianós 44 ausgeschildert

wächst. Der Komplex wurde vor ei-nigen Jahren renoviert und erstrahlt heute – zumindest teilweise – wieder in altem Glanz. Er umfasst den hüb-schen, frei stehenden **Glockenturm**, ein **Café** mit Terrasse, eine **Kapelle** mit schönen Wand- und Deckenmale-reien sowie einige nicht zugängliche Wohnräume. Sollte die Kapelle gera-de abgeschlossen sein: Der Schlüssel hängt oft links neben der Tür.

Wer nicht gerade im Juli oder Au-gust hier ist, findet die Anlage oft menschenleer vor, lediglich einige Wildziegen tummeln sich dann hier und genießen, ebenso wie die Besu-cher, den **Panoramablick auf das of-fene Meer**, der bei klarer Sicht sogar bis zur Insel Astipálea reicht.

Fährt man die Straße von hier wei-ter in Richtung Westen, was nur mit Geländefahrzeug, Mountainbike oder aber zu Fuß zu empfehlen ist, emp-fangen einen mit **Kavo Paradiso Beach** (s. S. 83), **Tripití** (s. oben) und **Quiet Beach** (s. S. 84) drei der vielleicht schönsten, sicherlich aber abgelegensten Strände der Insel.

❭ Eintritt frei

Essen und Trinken

> **Castellos** €€ <80> am Ortsanfang von
> Kéfalos, Tel. 2242073005. Nettes Ter-
> rassenlokal mit freundlichem Service,
> das schon morgens geöffnet hat und
> besonders bei Expats beliebt ist.
> **Limionas** €€€ <81> am Limnionas Beach
> (s. S. 84) im Norden von Kéfalos, Tel.
> 2242300193. Empfehlenswertes, auf
> Fisch- und Meeresfrüchte spezialisiertes
> Restaurant mit Blick auf die Bucht und
> den Schutzhafen. Etwas höhere Preise
> als sonst auf der Insel, dafür ist der Fisch
> stets erstklassig und der Koch versteht
> sein Handwerk.
> **Milotópi** (s. S. 64). Klassische griechi-
> sche Küche in tollem Ambiente.
> **Sydney Bar and Grill** €€-€€€ <82> unweit
> des Hafens Kamári, auf Facebook, Tel.
> 6976025274. Die Atmosphäre dieses
> Lokals mit Übersee- und italienischer
> Küche ist so relaxed, dass man sich tat-
> sächlich ein bisschen wie in Australien
> fühlt. Die Einrichtung ist schick und hebt
> sich wohltuend von der sonst recht ein-
> tönigen griechischen Tavernen-Bestuh-
> lung ab. Große Bierauswahl, darunter
> auch einige Exoten. Abgerundet wird der
> Besuch durch Livemusik (hauptsäch-
> lich Rock), die in der Saison zweimal pro
> Woche gespielt wird.
> **Zefyros** €-€€ <83> am Strand von Ónia,
> Tel. 2242071873. Nach dem mythi-
> schen Westwind benannte, von einem
> sympathischen älteren Paar geleitete
> Strandtaverne mit wunderbarer Aussicht
> auf Kastrí. Neben Fisch, Grillgerichten
> und Pizza gibt es hier auch einige vegeta-
> rische Speisen. Günstige Getränke.

Einkaufen

> **Pantopoleíon Delegusto** <84> im Orts-
> kern von Kéfalos, tägl. 9–23 Uhr. Kleiner
> Delikatessenladen mit großer Auswahl
> an hochwertigen Produkten, darunter

viele Inselspezialitäten und zahlreiche
griechische Weine, dazu ansprechende
Käse- und Wursttheke (sonst eher eine
absolute Ausnahme auf der Insel). Hier
finden an Qualität interessierte Selbst-
versorger alles, was sie für den Urlaub
brauchen.

Aktivitäten

> Der **Water Club Poseidon** (s. S. 85)
> unweit des Hafens bietet neben auf-
> regenden Aktivitäten wie Jet Ski, Crazy
> Sofa, Wasserski und Wakeboard auch
> entspannte Ausflüge auf dem Sea Bike
> oder im Kanu an.

Unterkunft

> **Panorama Studios** €-€€ <85> zwischen
> Camel Beach und Stefanos Beach aus-
> geschildert, www.panorama-kefalos.gr,
> Tel. 2242071924. Einfache, saubere
> Apartments in Top-Lage in den Bergen
> mit grandioser Sicht auf die Bucht. Die
> Apartments sind mit allem Nötigen aus-
> gestattet. Frühstück inklusive. Nette
> deutschsprachige Betreiber, Yoga im
> Gartenbereich.
> **White Rock of Kos** €€€ <86> nördlich von
> Kámbos in den Hügeln, www.whiterock
> ofkos.gr, Tel. 2242307170. Das nur
> Erwachsenen vorbehaltene Hotel tut
> alles dafür, dass sich diese hier wohlfüh-
> len: Traumhaft schöne Zimmer mit Meer-
> blick, das vielleicht beste Fitnessstudio
> der Insel, ein Spa, ein empfehlenswertes
> Restaurant und der aufmerksame Ser-
> vice lassen keine Wünsche offen.

AUSFLÜGE

Nísiros ★★★

Νίσυρος

Von **Kos-Stadt** oder **Kardámena** ➌⓪ aus bequem im Rahmen einer etwa einstündigen Überfahrt zu erreichen ist das südlich von Kos gelegene Nísiros (auch Nísyros). Die bergige **Vulkaninsel** ist nur etwa zehn Seemeilen von Kos entfernt und rund 41 km² groß. Durch die gute Anbindung an Kos ist Nísiros **ideal für einen Tagesausflug**, man kann aber auch gut über Nacht bleiben und die Insel in Ruhe per Mietwagen erkunden.

Der **Legende** nach soll **Poseidon**, der Meeresgott, das Eiland während der Schlacht der Götter gegen die Giganten mit seinem Dreizack von Kos abgetrennt und auf Polybotes geschleudert haben (s. S. 110). Dieser liegt angeblich unter dem Vulkan begraben und macht sich seufzend durch Schwefeldämpfe bemerkbar, die aus dem Inselinnern an die Oberfläche treten.

Heute zählt Nísiros nur noch rund 1000 Einwohner. Durch die **geringe Besiedlung** präsentiert sich das Eiland recht urtümlich, zugleich wird hier nur in geringem Maße Landwirtschaft betrieben (v. a. Anbau von Mandeln und Oliven). Gerade Naturfreunden hat Nísiros daher viel zu bieten: Beispielsweise kann man wunderbar zum berühmten Stéfanos-Krater wandern.

Anders als es die erwähnte Sage berichtet, entstand die Insel, als sich vor 150.000 Jahren ein **Vulkan** aus dem Meer erhob. Vor 25.000 Jahren brach dieser Vulkan das erste Mal aus. Der Gipfel stürzte in einen

riesigen Hohlraum und so entstand ein Krater. Vor 15.000 Jahren brach der Vulkan erneut aus und die **Caldera** (kesselartiger Vulkankrater) erhielt ihre heutige Form. Zehn Krater sind gut erhalten, von denen der größte der einen Durchmesser von 300 Metern aufweisende, 27 m tiefe **Stéfanos-Krater** ist. Obwohl der Vulkan seither nicht mehr ausgebrochen ist, kam es noch im 19. Jh. zu kleineren Eruptionen. So taten sich neue Krater auf und noch in den 1990er-Jahren befürchtete man aufgrund der sich verändernden Zusammensetzung der hiesigen Gase einen erneuten Ausbruch, der glücklicherweise bislang ausblieb. In den Stéfanos-Krater kann man heute **hinabsteigen** (3 €, bis 12 Jahre frei). Aufgrund der schwefelhaltigen Luft und der hohen Temperaturen ist dies jedoch nur Personen zu empfehlen, die **keine Atemprobleme** haben, außerdem ist **festes Schuhwerk** Pflicht. Von oben wie unten bietet sich ein einmaliger Blick auf den Krater und die umliegenden Berge.

Malerisch in den Bergen liegt das Dorf **Emboriós**. Die einstige Hauptstadt zählt heute nur noch wenige Einwohner. Nachdem ein Erdbeben den Ort in den 1930er-Jahren arg in Mitleidenschaft gezogen hatte, werden mittlerweile wieder neue Häuser in traditioneller Bauweise errichtet. Unmittelbar hinter dem Ort eröffnet sich die wunderschöne Caldera mit ihrem fast 700 Meter hohen Gipfel. Sie ist teils von Bäumen bewachsen und wird landschaftlich genutzt, teils sind ihre Hänge relativ karg.

Sehr idyllisch präsentiert sich außerdem das 50 Einwohner zählende **Nikía** in 500 Metern Höhe, die vielleicht schönste Siedlung der Insel, die an typische Dörfer auf der Insel San-

◁ *Vorseite: Spaziergang durch das malerische Dorf Nikía auf Nísiros*

toríni erinnert. Dazu tragen gewiss die vielen verträumt wirkenden, weiß getünchten Häuschen mit blauen Fensterläden und Türen in Postkartenoptik bei. Nikía beheimatet das **einzige Vulkanmuseum Griechenlands.** Bekannt ist das Dorf zudem wegen einer Szene aus dem Film „Mamma Mia", die hier gedreht wurde. Es ist ein Erlebnis, durch die engen Gassen zu streifen und dabei den Blick über die Caldera schweifen zu lassen. Anschließend kann man auf dem reizenden Dorfplatz einen Frappé trinken und den Katzen bei ihrem Nickerchen im Schatten zusehen.

Auch das Fischerdorf **Páli** mit dem kleinen Jachthafen ist bei Touristen beliebt. Hier befindet sich die schöne Dorfkirche Agía Apóstoli, die einen Abstecher lohnt, ebenso wie Ágios Geórgios in der Nähe des Dorfes.

Der **Inselhauptort Mandráki** (ca. 700 Einwohner), in dem auch die Fähren von Kos anlegen, verfügt über die meisten Sehenswürdigkeiten. Es macht Spaß, sich durch die Gassen treiben zu lassen und dabei die Zeit zu vergessen. Hier locken etliche Re-

staurants, einige touristische Läden und ein hübscher, kleiner Strand. Außerdem ist hier das **Archäologische Museum** der Insel angesiedelt. Die ausgestellten Funde reichen bis in die Zeit um 6000 v. Chr. zurück. Gezeigt werden unter anderem auf Nísiros zahlreich vorkommende **Obsidiane** (dunkles, glasiges Vulkangestein), aus denen früher Waffen und Werkzeuge gefertigt wurden. Obsidian, das vom einstigen Reichtum der Insel zeugt, wurde in der gesamten antiken Welt gefunden. Daneben sind zahlreiche kostbare Grabbeigaben zu sehen. Die Funde stehen denen aus dem Archäologischen Museum von Kos **❶** beinahe in nichts nach.

Der Aufstieg zur **Burg Paleókastro**, der bedeutendsten Sehenswürdigkeit der Stadt, ist gut ausgeschildert und nimmt etwa eine halbe Stunde in Anspruch. Von hier hat man einen **sensationellen Ausblick** auf Mandráki und das Kloster oberhalb des

⌂ *In Mandráki isst man direkt am Wasser, gekühlt von der Gischt*

049ko-mb

> **Vulkanmuseum (Ifestiologikó Mousío)** <87> geöffnet: Mo.–Sa. 8.30–14 Uhr
> **Archäologisches Museum Mandráki (Archeologikó Mousío)** <88> geöffnet: Di.–So. 10–17 Uhr, Eintritt: 4 €
> **Burg Paleókastro** <89> Mandráki, durchgehend geöffnet, Eintritt frei
> **Höhlenkloster Panagiá Spilianí** <90> Mandráki, meist nicht zu besichtigen

Ortes. Die Festung ist rund 2500 Jahre alt und wurde von den Johannitern (s. S. 16) modernisiert. In der Antike befand sich hier die Akropolis des Ortes. Die teilweise drei Meter hohen, meterdicken Mauern reichten einst bis zum Meer und schützten die Insel vor Angreifern.

Mandráki verfügt über mehrere sehenswerte Kirchen, darunter die farbenfrohe, von außen etwas nüchtern wirkende **Dorfkirche Naós Genésiou Theotókou Potamítissas** unweit des Rathausplatzes. Die wohl bedeutendste Kirche der Insel thront auf einem Felsen oberhalb der Stadt und ist gut zu Fuß zu erreichen: Am Ortsende erhebt sich das pittoreske **Höhlenkloster Panagiá Spilianí**, das schon seit Langem nicht mehr bewohnt wird.

In Mandráki lassen sich die beiden lokalen Spezialitäten **Kanelláda** (Zimtsirup) und **Soumáda** (Mandelsirup) erwerben, für die die Insel bekannt ist und die, mit Wasser verdünnt, eine leckere, wenn auch sehr süße Erfrischung darstellen. Probieren sollte man auch die **eingelegten, gezuckerten Tomaten** oder die typische **Tomatenmarmelade**, die es ebenfalls überall zu kaufen gibt.

Anfahrt

Eine Anfahrt mit der **Fähre** von Kardámena **30** aus ist nur selten möglich (meist zweimal pro Woche, 9 €). Von Kos-Stadt (deutlich seltener) und Kardámena verkehren allerdings in der Saison (ca. Ostern–Okt.) täglich **Ausflugsboote**, die meist morgens hin- und abends zurückfahren (20–25 € pro Person, inkl. von Reiseführer begleiteter Bustour). Die Ausflüge sind bei Touranbietern buchbar, die man an den Stränden oder Hauptstraßen der Badeorte auf Kos findet.

Infos und Reisetipps

> www.nisyrosinfo.com: gute Infoseite auf Englisch mit Bildern, praktischen Infos und traditionellen Inselrezepten

Essen und Trinken

> **Proveza** €€–€€€ <91> Küste von Mandráki, Tel. 2242031618. Empfehlenswertes Fischlokal direkt am Meer – hier spritzt die Brandung schon mal bis vor die Füße. Köstliche, hausgemachte Kuchen.
> **Vengos** €€ <92> Ortsausgang von Mandráki, Tel. 2242031589. Gemütliches Restaurant mit klassischer griechischer Küche. Man sitzt angenehm schattig unter einem Gummibaum.

⌂ *Den eigentlich von Kálimnos stammenden Salatklassiker Mirmizéli gibt es auch auf Nísiros*

Kálimnos ★★

Κάλυμνος

Kálimnos (auch in der Schreibweise Kálymnos), rund 12 Kilometer nördlich von Kos gelegen, ist dessen **größte Nachbarinsel** und bildet zusammen mit dem benachbarten **Psérimos** eine Verwaltungseinheit. Auf einer Fläche von 110 km² leben heute nur noch rund 15.000 Menschen, vor allem in Póthia (auch als Kálimnos-Stadt bekannt), Chorió und Pánormos im Süden der Insel. Die Halbinsel Paleónisos im Norden ist hingegen kaum besiedelt. Neben dem **Tourismus**, der immer bedeutender wird, sind es vor allem die **Schwammtaucher** (s. S. 87), für die die Insel bekannt ist, auch wenn dieser Wirtschaftszweig längst nicht mehr die gleiche Rolle spielt wie früher.

Für die Erkundung der Insel bietet sich die im Buch vorgestellte **Radtour 3** (s. S. 91) an, die allerdings nur etwas für konditionsstarke Radler oder E-Bike-Fahrer ist.

Sehenswert sind vor allem die Ruinen der byzantinischen Festung (Kástro tis Chrysocheriás) in der alten Hauptstadt Póthia, die Reste eines **Apollon-Tempels** und die Ruinen der Festung Kastélli. Auf der kleinen, Kálimnos vorgelagerten **Insel Télendos** laden die Reste der Byzantinerfestung Ágios Konstantínos und der neolithischen Befestigung Empório zur Besichtigung ein.

Kálimnos beherbergt **mehrere Museen,** unter denen vor allem das Archäologische Museum in Póthia herausragt.

Das Eiland ist ein ideales Reiseziel für **Sportbegeisterte,** denn hier kann man nicht nur ausgezeichnet **klettern** (Details s. S. 100), sondern auch wunderbar **tauchen.** Im Herbst lockt das **Climbing Festival** (s. S. 103) Kletterbegeisterte aus Nah und Fern hierher. Taucher finden eine gute Infrastruktur vor; praktisch überall ist man auf Unterwasser-Entdecker eingestellt.

Bekannt ist die Insel ferner für ihre **kulinarische Spezialität,** den leckeren Salat **Mirmizéli.** Erhältlich in unzähligen Varianten, besteht er traditionell aus Gurken, Tomaten, Kapernblättern, Kardamom, Sardinen, Käse und in Öl getunkten Brotstücken. Man sollte allerdings nicht den Fehler begehen, ihn als Vorspeise zu bestellen, der er sehr üppig ist.

Der lebendige **Hauptort Póthia** steht Kos-Stadt in Sachen Geschäftigkeit in nichts nach. Rund um den Hafen finden sich gleich mehrere Sehenswürdigkeiten, darunter die **Kirche Ágios Nikólaos** oben auf dem Hügel, die – ganz untypisch für die griechischen Inseln – nicht etwa in Blau-Weiß daherkommt, sondern durch ihre braun-grauen Steine auffällt. Entlang des Hafens kann man zum Hauptplatz spazieren, wo mehrere reizvolle Gebäude aus der Zeit der italienischen Besatzung stehen. Diese sind deutlich besser erhalten als vergleichbare Bauten in Kos-Stadt. Die Gebäude gruppieren sich um die schöne, einkupplige **Christós-Kirche,** die eine Pause vom Trubel des Hafengeschehens verspricht und durchaus eine feierliche Stimmung verströmt. Das aus dem 19. Jh. stammende Gotteshaus beherbergt eine wertvolle Ikonostase.

Direkt gegenüber ist das **Nautische Museum** untergebracht, das besonders für all jene interessant ist, die etwas über die Tradition des Schwammtauchens erfahren möchten. Auch an Informationen zur Inselfolklore mangelt es nicht.

Von landesweitem Ruf ist das **Archäologische Museum**. Gezeigt wird ein breites Spektrum an Funden von der Insel und aus dem Meer zwischen Kos, Psérimos und Kálimnos, die vom Neolithikum bis in die Spätantike reichen. Die durchweg auf Englisch beschriftete Ausstellung umfasst feine Töpferarbeiten, für die Kálimnos in der Antike berühmt war, Votivgaben aus dem Apollon-Tempel, Standbilder aus der Zeit der Klassik, darunter eine riesige Asklepios-Statue, aber auch die berühmte „**Lady of Kalymnos**", eine überlebensgroße, nahezu perfekt erhaltene Bronzestatue aus dem 2. Jh. v. Chr., die in den 1990er-Jahren vor der Insel gefunden wurde. Auch hellenistische Goldschmiedearbeiten, Münzen und byzantinische Funde kann das Museum sein Eigen nennen.

Direkt nebenan befindet sich das **Vouvális-Museum**, das einen Einblick in das Leben einer reichen Familie des 19. Jh. vermittelt und bei Redaktionsschluss noch **renoviert** wurde.

Malerisch auf einer Erhebung etwas außerhalb von Póthia in Richtung Kastélli stehen die Reste der **Festung Kástro tis Chrysocheriás**. Jahrhundertelang bildete die Anlage die wichtigste Siedlung der Insel, heute sind nur noch die Außenmauern und einige Kapellen erhalten. Von den Mauern hat man eine einmalige Aussicht auf Póthia und die Reste der drei **Windmühlen** vor der Festung. Auch den Nachbarort Chorió, der mittlerweile nahtlos mit der Inselhauptstadt zusammengewachsen ist, kann man von hier aus gut erkennen.

Direkt nebenan steht das schmucke **Nonnenkloster** gleichen Namens, das auch heute noch bewohnt wird. Die Nonnen kümmern sich unter anderem um den angrenzenden Olivenhain, die Ziegen und die zahlreichen Bienenstöcke unterhalb der Festung.

Pánormos ist der erste von einigen Badeorten, die sich entlang der Nordwestküste von Kálimnos erstrecken. Hier, wo gefühlt mehr Katzen als Menschen leben, kann man an

050ko-mb

einem der flach abfallenden **Strände** entspannen oder in einem der Lokale eine Pause einlegen. **Mirtiés**, der nächste Ort, ist ein kleines Paradies, vor allem wegen der fantastischen Sicht, die man von hier auf die hoch aufragende, aber nur knapp 5 km² große und lediglich 100 Einwohner zählende **Insel Télendos** hat. Dank seiner Felsen erfreut sich Télendos großer Beliebtheit bei Kletterern. Das winzige Eiland wird von Mirtiés aus von **Ausflugsbooten** angesteuert.

Das sich anschließende **Masoúri** ist von ähnlichem Charakter wie Mirtiés, allerdings erstreckt es sich noch weiter das Felsmassiv hinauf, das diesen Teil der Insel prägt – so ergibt sich ein wunderbares Panorama und gleichzeitig eine etwas andere Perspektive auf Télendos.

Der letzte Badeort ist **Arginónda**: Recht abgelegen in einer geschützten Bucht zu finden, verfügt er über einen schönen Strand mit türkis schimmerndem Wasser.

Der **Nordteil** von Kálimnos ist nur schwach besiedelt, das **Inselinnere** in Richtung Süden ist landwirtschaftlich geprägt – hier dominieren Orangen- und Olivenbäume.

Vathís, ein kleiner Ort an der Südostküste, wird häufig von **Ausflugsschiffen** besucht. Hier kann man nicht nur gut einkehren, sondern auch Schwämme und andere Inselprodukte erstehen. Von den beiden Kirchen beiderseits der Bucht eröffnet sich eine herrliche Aussicht über den Ort.

▷ Im Archäologischen Museum sind zahlreiche Funde ausgestellt

◁ Blick auf das geschäftige Póthia von der Fähre aus

❯ **Archäologisches Museum Póthia** <93> im Ortskern, Anfahrt s. Radtour 3 (S. 91), geöffnet: Di.–Fr. 8.30–15 Uhr, Eintritt: 4 €, ab 65 Jahren 2 €, bis 18 Jahre und Studenten frei

❯ **Nautisches Museum Póthia** <94> am zentralen Platz gegenüber der Kirche, leider nur unregelmäßig geöffnet, Eintritt frei

❯ **Festung Kástro tis Chrysocheriás** <95> am Ortsausgang von Póthia, rund um die Uhr kostenlos zugänglich

❯ **Apollon-Tempel und Jerusalem-und-Sophien-Kirche** <96> Anfahrt s. Radtour 3 (S. 91), meist verschlossen

Anfahrt

❯ Von **Mastichári** ㉗ verkehren ganzjährig täglich mehrere **Fähren** nach Póthia. Die Fahrtzeit beträgt rund eine Stunde, für die Überfahrt sind 6 €/Person (einfache Fahrt) zu entrichten (Hin- und Rückfahrt: 12 €), Fahrräder können kostenlos mitgenommen werden, auch Pkw können an Bord gehen (unterschiedliche Preise). Es gibt eine kleine Bar. Alternativ nimmt man ein **Schnellboot,** das nur etwa eine halbe Stunde benötigt und 7,50 € kostet (Fahrräder zusätzlich 3 €). Alle Fahrtzeiten variieren je nach Jahreszeit und Wochentag, man informiere sich an den Kiosken im Hafen von Mastichári über die Verbindungen.

› Auch von **Kos-Stadt** aus verkehren **Fähren und Schnellboote,** diese benötigen ein paar Minuten länger und kosten je nach Anbieter zwischen 7,50 € und 16 € (einfache Fahrt).

Infos und Reisetipps

› www.kalymnos-isl.gr: offizielles Tourismusportal der Insel mit vielen Infos zu Sehenswürdigkeiten und Aktivitäten

Essen und Trinken

› **Kouzina** ^{€–€€} <97> am Hafen von Mirtiés, Tel. 2243048828. Dass in einem Lokal griechische und chinesische Spezialitäten auf den Tisch kommen, lässt vielleicht zunächst Zweifel hinsichtlich der Qualität aufkommen, dem freundlichen Manólis und seiner Crew gelingt aber beides in Formvollendung. Der Service ist aufmerksam und man ist stolz darauf, keinen Zuchtfisch, sondern nur frisch gefangenen zu servieren. Hier gibt es die Inselspezialität Mirmizéli (s. S. 71).

052ko-mb

Psérimos ★
Ψέριμος

Das nur rund 15 km² große, fast autofreie Psérimos verfügt nur über einen bewohnten Ort gleichen Namens, in dem etwa dreißig Personen dauerhaft leben. Er erstreckt sich an einem **traumhaften Sandstrand** und wird von Kos aus mit Ausflugsbooten angesteuert. In Psérimos-Stadt gibt es zahlreiche **Restaurants und Geschäfte.** Im Ortskern erhebt sich die **Kirche Panagías Melachrinís.** Reizvoll ist zudem die **Bucht Vathí** auf der anderen Seite der Insel.

Zwischen Psérimos und Kálimnos befindet sich in etwa 500 Metern Entfernung von Psérimos die **Mini-Insel Pláti** mit ihrem **winzigen Gotteshaus.** In der kleinen Kirche kann man sogar den Bund der Ehe eingehen. Ein italienisch-griechisches Paar, das hier geheiratet hatte, lebte noch bis vor wenigen Jahren hier. Heute ist die kleine, verlassene Insel vor der Küste von Psérimos vor allem bei Ausflüglern beliebt, denn hier kann man herrlich schwimmen.

› **Kirche Panagías Melachrinís** <98>

Anfahrt

Entweder per **Fähre** von Kálimnos aus oder – sicher die einfachere Lösung – von Kos-Stadt aus im Rahmen einer **Drei-Insel-Tour** („Three Island Cruise"), welche die meisten Touranbieter im Programm haben (z. B. Black Pearl und Odyssey, s. S. 126) und die auch das Eiland Pláti beinhaltet.

◁ *Drei-Insel-Fahrt: ideal für die Erkundung der Nachbarinseln*

▷ *Von den Windmühlen hat man eine sensationelle Sicht auf Bodrum*

Ausflug in die Türkei

Bodrum ★★★

Nur eine kurze Fahrt – je nach Anbieter 30 Minuten bis eine Stunde (Details s. S. 80) – ist es mit der Fähre von Kos-Stadt in das etwa 150.000 Einwohner zählende Bodrum in der Türkei. Schon bei der Einfahrt in den Hafen staunt man über die Ausmaße der riesigen Johanniterfestung, die seit Jahrhunderten über den Hafen wacht. Die Stadt erstreckt sich am Fuße eines Berges und ist durch eine Halbinsel in zwei Buchten geteilt.

Früher trug Bodrum den Namen **Halikarnassos;** hier befand sich mit dem gleichnamigen Mausoleum eines der **Sieben Weltwunder** der Antike. Schon seit 7000 Jahren leben an diesem Ort Menschen, in der Antike war Halikarnassos eines der wichtigsten wirtschaftlichen Zentren Kleinasiens. Unter anderem stammt der Geschichtsschreiber **Herodot** (s. S. 78) von hier. Die Stadt wurde unter dem legendären **König Mausolos** im 4. Jh. v. Chr. ausgebaut. Er ließ sich hier eine monumentale Grabstätte errichten – tatsächlich geht die Bezeichnung „Mausoleum" auf ihn zurück. Das vermutlich fast 50 Meter hohe Gebäude wurde jedoch im Laufe der Jahrhunderte zerstört und letztlich abgetragen.

Auf der **Halbinsel** thront Bodrums bedeutendste Sehenswürdigkeit, die **Festung Bodrum** (**Bodrum Kalesi**), die von den Johannitern (s. S. 16) im frühen 15. Jh. zum Teil aus den Überresten des Mausoleums errichtet wurde. 1522 wurde die Burg von den Osmanen eingenommen und bis zum Ersten Weltkrieg militärisch bzw. als Gefängnis genutzt. Heute befindet sich hier das sehenswerte **Museum für Unterwasserarchäologie**, eines der bedeutendsten seiner Art weltweit. Münzen, Amphoren, sogar ganze Schiffe zeugen von der reichen Seefahrtsgeschichte der Region von der Antike bis ins Mittelalter. Ein Besuch lohnt sich für alle Altersklassen. Zum Redaktionsschluss war das Mu-

053ko-mb

054ko-mb

seum, ebenso wie die gesamte Burganlage, **im Zuge umfangreicher Renovierungsarbeiten geschlossen.**

Nur wenige Meter entfernt steht das **Maritime Museum**. Eine weitere bedeutende Sehenswürdigkeit ist das recht gut erhaltene antike **Amphitheater**, das einst 13.000 Zuschauern Platz bot und damit zu den größten der Region zählte. Es befindet sich nördlich des Hafens. Etwas versteckt findet man noch die **Reste des antiken Mausoleums**. Angeschlossen ist ein kleines **Museum** mit einem Modell der Anlage und teils schön behauenen Steinen aus dem Mausoleum. Der Komplex des Mausoleums selbst ist hingegen nicht gut erhalten, lediglich das Drainagesystem, die Fundamente und die Mauern der Grabkammer sind noch gut erkennbar.

Natürlich dürfen auch die **historischen Windmühlen** aus dem 18. Jh. nicht unerwähnt bleiben. Eine ganze Reihe dieser Mühlen erhebt sich auf dem Berg westlich der Bucht, leider sind sie in einem schlechten Zustand. Von hier bietet sich jedoch eine **gran-** **diose Sicht** auf die Stadt und die Johanniterfestung. Vom Zentrum muss man nur rund 30 Minuten der Straße folgen, die den Berg hinauf an der Kaserne vorbeiführt. Geht man die Bergstraße Cafer Paşa Caddesi weiter, erreicht man das antike **Tor von Myndos**, das einst einen der Zugänge zur Stadt markierte.

Viele Besucher kommen schlicht zum **Shoppen** nach Bodrum. Tatsächlich ist die Auswahl an Geschäften mit hochwertiger Kleidung und Schmuck (links vom Hafen) bzw. basarähnlichen Produkten (in den Gassen rechts vom Hafen) berauschend, allerdings sollte man darauf achten, dass **Markenfälschungen**, die es hier zuhauf gibt, nicht im Heimatland eingeführt werden dürfen. Shoppingfans finden jeden Dienstag (Textilien) und Freitag (Lebensmittel) einen urtümlichen **orientalischen Markt** am Busbahnhof nordöstlich des Hafens.

⌃ *Viele schöne Souvenirs, aber auch etliche Fälschungen: der Basar von Bodrum*

> Festung Bodrum (Bodrum Kalesi) und Museum für Unterwasserarchäologie (Sualtı Arkeoloji Müzesi) <99> Çarşı Mahallesi, https://muze.gov.tr/tr/muzeler/bodrum-sualti-arkeoloji-muzesi, **derzeit wegen Renovierung geschlossen**
> **Maritimes Museum (Bodrum Deniz Müzesi)** <100> Çarşı Mahallesi 4/1, http://bodrumdenizmuzesi.org/en, geöffnet: Di.–So. 9.30–18, Juni–Okt. bis 20 Uhr, Eintritt: 10 Lira, erm. 5 Lira, bis 16 Jahre frei
> **Amphitheater (Amfitiyatrosu)** <101> Yeniköy Mahallesi, geöffnet: Di.–So. 9–17 Uhr, wechselnde Eintrittspreise
> **Mausoleum (Mozolesi)** <102> geöffnet: Di.–So. 10–18.30 Uhr, in der Saison länger, Eintritt :12 Lira
> **Windmühlen (Yel değirmeni)** <103> Anlage kostenlos rund um die Uhr zugänglich, Mühlen selbst verschlossen
> **Tor von Myndos (Dikduru)** <104> rund um die Uhr kostenlos zugänglich

Infos und Reisetipps

> **Touristeninformation Bodrum** <105> Barış Meydanı 43, Tel. +90 2523161091, geöffnet: im Sommer Mo.–Fr. 8–19, Sa./So. 10–16 Uhr, im Winter Mo.–Fr. 8–17 Uhr. Die lokale Touristeninformation befindet sich nur einen Steinwurf entfernt von der Festung auf der rechten Straßenseite in Richtung Markt. Hier wird auch Englisch gesprochen, es gibt einige Broschüren und man kann Ausflüge buchen.

Unrühmliche griechisch-türkische Zusammenarbeit

Raucher dürfen sich angesichts der Zigarettenpreise in der Türkei wie im Paradies vorkommen, aber Vorsicht: In den „Duty-Free-Läden" am Hafen werden Zigaretten zwar stangenweise verkauft, über den Seeweg dürfen aber **nur zwei Päckchen nach Griechenland eingeführt** werden. Die Mitarbeiter der Läden in Bodrum belügen ihre Kunden wissentlich, bei der Wiedereinreise nach Griechenland erfolgt dann das böse Erwachen, denn nun kassiert der griechische Staat kräftig ab.

Essen und Trinken

> **Deniz Nargile** <106> Neyzen Tevfik Caddesi 64. Nette Shisha-Bar direkt am Hafen mit schickem und trotzdem gemütlichem Interieur.
> **Halikarnas Bistro** €-€€ <107> auch als Kale Teras Garden bekannt, direkt am Hafen neben der Touristeninformation. Vorzüglich gelegenes Terrassenlokal neben der Hafenmoschee, das mit Blick auf den Jachthafen traditionelles türkisches Frühstück, aber auch leckere Salate und mehr serviert.

☑ *Orientalische Leckereien: Auf dem Basar bleibt keiner hungrig*

055ko-mb

Herodot – der Vater der Geschichtsschreibung

Cicero, einer der berühmtesten Rhetoren Roms, verlieh dem im 5. Jh. vor Christus im heutigen Bodrum, dem damaligen Halikarnassos, geborenen Geschichtsschreiber und Ethnologen diesen Ehrentitel. Aber wer war der Mann, an den heute am Bodrumer Hafen eine Statue erinnert und dem wir zahlreiche Werke über die Antike verdanken, die bis heute unser Bild jener Epoche prägen?

Als junger Mann machte sich der begabte Schreiber nach Sámos auf, ehe er nach politischen Umwälzungen in seiner Heimat zehn Jahre später wieder nach Halikarnassos zurückkehrte. Lange hielt es ihn aber nicht dort, vielmehr legte er eine für die damalige Zeit beachtliche Reisetätigkeit an den Tag, die ihn fast durch die gesamte damals zivilisierte Welt führte: Von Babylon verschlug es ihn nach Persien, Ägypten, ans Schwarze Meer und bis in das Reich der Skythen im heutigen Russland und der Ukraine, was allerdings von einigen Forschern bezweifelt wird. Ansonsten hielt er sich vornehmlich in den griechischen Stadtstaaten auf.

Sein Hauptwerk, die später in neun Bände unterteilten „Historien", geben einen erstaunlich detaillierten Einblick in die Lebensweise der Völker der damals bekannten Welt. Während Schreiber bis dahin meist im Dienst von Herrschern standen und häufig eher trockene Abhandlungen über eine Reihe von Schlachten oder ganz subjektiv für ihre Auftraggeber schrieben, revolutionierte der talentierte „Historiker" die Geschichtsschreibung - manche sagen gar, dass er sie erst erfand. Er lieferte Einblicke in das Alltagsleben verschiedenster Völker, ergänzte seine

Geschichten um unterhaltsame Anekdoten, beschrieb die Religion und hatte auch die Lebenswelt der Frauen im Blick - was selbst Jahrhunderte später noch die absolute Ausnahme in dieser Zunft war. Besonders eindringlich schilderte Herodot die Kriege zwischen Persern und Griechen.

Die Nachwelt verdankt ihm also nicht nur einige revolutionäre Sichtweisen und Theorien (beispielsweise verglich er verschiedene Herrschaftskonzepte miteinander), sondern auch ein realistisches Bild jener Zeit, über die wir dank Herodot heute teilweise mehr wissen als über spätere Epochen. Nichtsdestotrotz bemängeln Kritiker nach wie vor, dass sich Herodot vieles ausgedacht habe und seine Schilderungen auf Hörensagen basierten, was sicher auch dem Umstand geschuldet ist, dass eine Verschriftlichung von Wissen damals noch eher die Ausnahme war. Wie auch immer man seine Leistung unter rein formalen Kriterien heute beurteilen mag, bleibt doch unstrittig, dass er einer der größten Geister seiner Zeit war und die Nachwelt um wichtige historische Erkenntnisse und neue Denkweisen bereichert hat.

082ko-as©Alexander Bartek - stock.adobe.com

> **Nazili** € <108> mitten auf dem Basar. Traditionelles türkisches Lokal, das vor allem für seine leckeren Pide-Spezialitäten bekannt ist. Auch die traditionelle orientalische Nachspeise *künefe* mit Zuckersirup und Käse wird hier frisch zubereitet und kann zum Beispiel mit Eis bestellt werden.

Turgutreis ★

Nach Bodrum ist Turgutreis mit rund 20.000 Einwohnern die **zweitgrößte Siedlung der Halbinsel Bodrum.** Der Ort ist nach dem berühmten Korsaren **Turgut Reis** (um 1485–1565) benannt, der einst den ganzen Mittelmeerraum in Angst und Schrecken versetzte, ein genialer Stratege war und aus dieser Stadt stammte.

Heute zieht der Ort dank seines über 2 km langen **Strandes** Scharen von Badegästen an, weshalb es hier im Sommer recht voll werden kann. Aber auch einige schöne **Moscheen** und natürlich einen **Basar** nennt die Kleinstadt ihr Eigen.

Eine **Anfahrt** ist sowohl von Kos-Stadt zu ähnlichen Konditionen wie nach Bodrum möglich (Details s. S. 80), als auch im Rahmen einer rund dreiviertelstündigen Fahrt mit **Kleinbussen** (**Dolmuş**) von Bodrum aus (Abfahrt am zentralen Busbahnhof nördlich des Marktes).

Praktische Tipps für den Türkeiaufenthalt

Einreisebestimmungen

Deutsche Staatsbürger benötigen lediglich einen noch sechs Monate gültigen Personalausweis, **Schweizer** eine Identitätskarte, alternativ gilt natürlich auch ein Reisepass. **Österreicher** hingegen benötigen für die Einreise zwingend einen Reisepass, ein

Personalausweis wird nicht akzeptiert. Ferner benötigen **österreichische Staatsbürger** ein **Visum**, auch bei Kurzaufenthalten. Dieses muss vorab online oder bei der Türkischen Botschaft beantragt werden:

> **Onlinevisum:** www.evisa.gov.tr/de/info/was-ist-ein-e-visum
> **Türkische Botschaft,** Prinz-Eugen-Straße 40, 1040 Wien, Tel. 01 5053660, Mo.–Fr. 9–12.30 und 14–18.30 Uhr

⌃ *Romantischer Sonnenuntergang am Leuchtturm von Turgutreis*

◁ *Statue von Herodot vor dem Wiener Parlament*

Anfahrt

Tickets sind an den vielen **Kiosken** erhältlich, die sich nördlich des Hafens von Kos-Stadt befinden. Für die **Überfahrt** (hin und zurück) sind 15 bis 20 € fällig, die Fahrt dauert je nach Fähre bzw. Ausflugsschiff zwischen einer halben und einer Stunde. Eine Fahrt ist an jedem Tag der Woche interessant, montags haben allerdings viele Läden und Museen geschlossen. Besonders schön, aber auch etwas voller ist ein Besuch an den beiden **Markttagen** (s. S. 76).

U. a. fahren die beiden **Schiffe „Nissos Kos"** und „**Stefamar**" der **Gesellschaft Laumzis Kellis Maritime Union** in der Saison (ca. Ostern – Okt.) täglich um 9.30 (Rückfahrt 16 Uhr) bzw. Di., Mi. und So. um 10 Uhr (Rückfahrt 17 Uhr) auf die Insel. Dienstags gibt es eine Sonderfahrt zum Markt (12 – 18 Uhr). Auch die „**Apollon II**" bietet Fahrten nach Bodrum an, das Schiff braucht für die Strecke nur 30 Min.

Wichtig ist bei allen Anbietern, dass man rechtzeitig vor der Abfahrt am Hafen erscheint: Je nach Reisezeit kann es zu längeren **Kontrollen am Grenzübergang** kommen.

■ **Abfahrtsort der Schiffe nach Bodrum in** Kos-Stadt <109> Tickethäuschen direkt am kleinen Hafen nördlich des HauptHafens, www.facebook.com/laumzis. sun.cruises, Tel. 2242023977

Geldfragen

Offizielle Währung ist die **Türkische Lira**. In nahezu allen Restaurants, auf dem Basar und in Geschäften kann man auch **in Euro bezahlen**, nicht aber in staatlichen Einrichtungen wie Museen. Es ist also nicht zwingend notwendig, auf eine der **Wechselstuben** auf dem Basar oder am Hafen zurückzugreifen. Man sollte sich angesichts des schwankenden Lira-

Wechselkurs

Stand: Ende 2019

1 Lira	0,16 €/0,17 SFr
1 €	6,19 Lira
1 SFr	5,70 Lira

kurses allerdings vorab informieren, da man sonst Gefahr läuft, in einem Laden oder Lokal übervorteilt zu werden. **Girocards** bzw. **EC- und V PAY-Karten** sowie **Kreditkarten** werden meist problemlos akzeptiert. Wer Geld am Automaten abhebt, wird oft gefragt, ob er einen garantierten Wechselkurs akzeptiert. Garantiert ist an diesem Kurs allerdings nur, dass er katastrophal ist. Man sollte also immer dem Kurs der Hausbank vertrauen und das als **Dynamic Currency Conversion** (DCC) bekannte Verfahren ablehnen, was auch für den Karteneinsatz im Geschäft oder Restaurant gilt.

Notrufnummern

❭ Polizei: Tel. 155
❭ Notarzt/Feuerwehr: Tel. 112

Telefonieren und Internet

Da die Türkei nicht Teil der EU ist, kann das Telefonieren und Surfen hier richtig ins Geld gehen. Daher sollte man unbedingt vor der Abfahrt mit der Fähre die **Mobile-Daten-Option ausschalten**. Achtung: Auch nach der Rückfahrt nach Kos wählt sich das Handy oft noch in das **türkische Netz** ein, man muss es also unter Umständen **manuell wechseln** und einen beliebigen griechischen Anbieter auswählen. Sicherheitshalber sollte man dies überprüfen, bevor man das Handy bzw. die mobilen Daten wieder nutzt.

059ko-ffw

Baden

Kos ist ein Paradies für Wasserratten. Gerade die **Nordküste** ist ideal zum Baden, denn im Prinzip gleicht sie einem einzigen, langen Sandstrand. Rund um **Kos-Stadt** geht es an den Stränden eher geschäftig zu. Je weiter man sich von der Hauptstadt entfernt, desto ruhiger und einsamer wird es. Die **Dünen** im nordöstlichen Teil der Insel erinnern ein wenig an Nordseepostkarten. Neben **Sandstränden** gibt es auch einige **Kiesstrände** auf der Insel – hier ist das Wasser meist besonders klar.

Wer an der Nordküste entlang nach Westen fährt, gelangt in die **touristischen Hochburgen Tigáki** ㉕, **Marmári** ㉖ und **Mastichári** ㉗, wo es mit der Ruhe nicht weit her ist. Dafür gibt es hier zahlreiche Lokale, Wassersportmöglichkeiten und allerlei andere Annehmlichkeiten wie Toiletten und Schirmverleih. Außerdem sind die Strände häufig bewacht.

Westlich von Mastichári nimmt die Dichte an Stränden zu beiden Seiten der Küste immer weiter zu, wobei es an den Stränden selbst merklich beschaulicher wird. Im Prinzip bleibt es so, bis man bei einer Inselumrundung wieder im **Südosten** angelangt ist, wo Hotelanlagen mit oft privaten Strandabschnitten die Szenerie prägen und der Bogen zur Hauptstadt geschlossen wird. An der **Südküste** wartet mit der **Embrós-Therme** ㉙ eine echte koische Besonderheit auf Wasserfans.

◁ *Vorseite: Vor allem die Nordküste ist ideal für Wassersportler aller Art*

▷ *Limnionas Beach (s. S. 84) zählt zu den schönsten der Insel*

Einsame Strände und unberührte Natur finden Sonnenanbeter mit etwas Glück auf der **Halbinsel Kéfalos** [A4–B6], die den westlichen Abschluss von Kos bildet.

Viele Strände auf Kos tragen wohlklingende Namen. Häufig sind sie nach den **Restaurants** benannt, die sich dort angesiedelt haben. Die Strände sind an der Hauptstraße in der Regel **gut ausgeschildert**. Die meisten sind problemlos mit dem Pkw zu erreichen, da die ansässigen Lokale auch **Parkplätze** besitzen.

Zahlreiche Strände auf Kos wurden aufgrund ihrer hohen **Wasserqualität** mit der **blauen Flagge** ausgezeichnet. Vor Strömungen muss man sich keine Sorgen machen, lediglich auf Quallen sollte man aufpassen, wobei diejenigen ohne Tentakel meist ungefährlich sind. **FKK-Freunde** sollten besser ein anderes Reiseziel ansteuern. **Familien mit Kindern** können beinahe alle Strände bedenkenlos nutzen, da das Wasser häufig sehr flach abfällt.

Die schönsten Strände

Die Auswahl der folgenden Strände berücksichtigt unterschiedliche Interessenlagen und soll einen möglichst **breiten Querschnitt** abbilden:

> **Atlantis Beach** [E4] <110> Schöner Sandstrand östlich von Kardámena **30** mit Blick auf die südlichen Nachbarinseln. Der Abschnitt ist nicht sonderlich breit, dafür aber in den Morgen- und Abendstunden häufig menschenleer.

> **Camel Beach** [B–C4] <111> An der Einfahrt nach Kéfalos **42** gelegener, schmaler Sandstrand, der malerisch von einer Bucht eingerahmt wird und nach einem kleinen Spaziergang vom Parkplatz mit fantastischem Ausblick erreicht ist. Mit Schirmverleih und gleichnamigem Restaurant oberhalb des Strandes.

> **Dolphin Beach** [D2] <112> Hübscher, kleiner Sandstrand, der von Mastichári aus bequem zu Fuß erreichbar ist. Angeschlossen ist ein einladendes Aussichtslokal mit guter Meeresfrüchte- und Grillküche, das Liegen und Schirme zur Verfügung stellt.

> **29** [H2] **Embrós-Therme.** Vor allem in der Nebensaison ist das Baden in der heißen Quelle ein Vergnügen. Anschließend kann man am reizvollen Strand entspannen und in der charmanten Beachbar einen Snack zu sich nehmen.

> **41** [B4] **Kámbos.** Der attraktive Badeort mit seinem Sandstrand, der Kirchenruine und fantastischer Panoramasicht gehört zu den beliebtesten auf der Halbinsel Kéfalos.

> **Kata Beach** [A5] <113> Menschenleerer Kiesstrand an der Westküste von Kéfalos mit steil abfallenden, hohen Dünen und klarem Wasser.

> **Kavo Paradiso Beach** [B6] <114> Wer ins Paradies will, muss bekanntlich zunächst das Fegefeuer durchqueren: Tatsächlich ist die Straße, die vom Kloster Ágios Ioánnis Thimianós **44** auf Kéfalos hierherführt, sogar für lokale Verhältnisse eine absolute Zumutung. Belohnt wird man jedoch mit einem breiten Sandstrand mit kleinem Lokal, sanften Wellen und einem tollen Blick auf die Berge der Westküste.

> **Kochylari Beach** [B4] <115> Recht einsamer, relativ breiter Strand, an dem mitunter auch mal einiges an Strandgut angespült wird. Außer einer Kitesurfschule und einem Restaurant gleichen Namens gibt es hier nicht viel, aber das Baden mit Sicht auf die Kitesurfer ist durchaus ein Erlebnis. Wanderung 3 führt hier entlang (s. S. 96).

> **Strand Kos-Stadt** [H1] <116> Selbstverständlich verfügt auch die Hauptstadt über einen schönen Strand mit allen Annehmlichkeiten, der allerdings in der

058ko-mb

Saison sehr voll werden kann. Positiv hervorzuheben sind die günstigen Preise für Schirme und Sonnenbetten sowie die Möglichkeit, quasi direkt vom Restauranttisch ins Meer zu springen, denn viele Lokale betreiben Strandbars oder haben ihre Terrassen unmittelbar am Wasser.

❯ **Lámbi** [H1] <117> Der „Stadtstrand" von Kos ist genau das Richtige für Urlauber, die sich nicht an allzu viel Trubel stören: Hier gibt es etliche Beach Bars und gute Restaurants, Wassersportanbieter sowie günstige Liegen. Wer es lieber etwas einsamer mag, spaziert etwa eine Viertelstunde bis zur Nordküste, wo sich neben hoteleigenen Privatstränden auch einige reizvolle, abgeschiedene Strandabschnitte finden.

❯ **Limnionas Beach** [B4] <118> Traumhafter Strand an der Nordküste von Kéfalos mit herrlicher, zum Teil bewachsener Felsformation. Es geht hier flach ins Wasser, sodass auch Familien auf ihre Kosten kommen. Nebenan befindet sich der kleine Schutzhafen, in dem meist ein paar Kähne vor Anker liegen. Ein behagliches Ambiente bietet das Fischrestaurant Limionas (s. S. 66).

❯ **Lovly Beach** [C3] <119> Der auch als **Protokaravos Beach** bekannte Strand ist nach dem gleichnamigen charmanten Strandlokal benannt und liegt im Niemandsland zwischen Mastichári und Kéfalos. Hier herrscht eine besonders angenehme Atmosphäre, die von den steil ins Meer abfallenden Dünenklippen geprägt ist.

❯ **Markos Beach** [C4] <120> Einer der schönsten Strände der Insel an der Südküste östlich vom Paradise Beach. Der Strandabschnitt ist lang und breit, das Wasser türkisfarben und das ansässige Beachlokal wird von einem herzlichen Betreiber geführt. Hinzu kommt die fantastische Aussicht auf die Insel Nísiros. Was will man mehr?

㉖ [E2] **Marmári.** Ähnlich wie Tigáki und Mastichári verfügt auch das dritte Touristenzentrum an der Nordküste über eine hervorragende Infrastruktur rund um den reizvollen und ausgesprochen langen Sandstrand. Wassersportfans kommen auf ihre Kosten, es gibt genügend Lokale für eine Stärkung zwischendurch.

㉗ [D2] **Mastichári.** Neben der guten Infrastruktur (u. a. Windsurfen) bieten sich hier insbesondere Spaziergänge auf der Strandpromenade an. Etwas weiter in Richtung Inselwesten erstrecken sich einige einsamere Strandabschnitte.

❯ **Paradise Beach** [C4] <121> Dieser Strand an der Südküste macht seinem Namen alle Ehre: Im Angesicht der pittoresken Palmen kann man an dem breiten Sandstrand im glasklaren Wasser baden und dabei den Blick auf Nísiros genießen. Auch ein empfehlenswertes Lokal am Parkplatz oberhalb des Strandes gibt es, außerdem Toiletten und Duschen.

❯ **Quiet Beach** [A5] <122> Der Strand an der Westküste von Kéfalos trägt seinen Namen zu Recht, denn hier wird man nicht von Strandlokalen musikalisch beschallt, sondern hört außer dem Krächzen einiger Möwen und dem Rauschen der Wellen absolut nichts. Obwohl der Strand recht entlegen ist, führt eine ordentliche Straße von Kéfalos-Stadt hierher. Als Besonderheit besitzt der Quiet Beach auch eine kleine Kapelle, auch für lokale Verhältnisse nicht alltäglich.

㉕ [F1] **Tigáki.** Der Ort Tigáki verfügt über einen wunderschönen langen Sandstrand mit hervorragender Infrastruktur, Schirmverleih, Mülltonnen, zahlreichen Lokalen im Ort, Geschäften, einem Hamam (s. S. 48) in Strandnähe und Wassersportmöglichkeiten. Wer hier keinen Platz findet, begibt sich einfach zu Fuß in Richtung Westen, wo nördlich des Salzsees der relativ abgelegene Strand Alikí (ohne Infrastruktur) auf Besucher wartet.

> **Tripití.** Privat betriebener, abgelegener Strand auf Kéfalos mit kleinem Mini-Zoo (s. S. 65).
> **Volcano Beach** [B4] <123> Attraktiver, urtümlicher Strand an der Nordküste. Recht abgeschieden, daher ist hier oft nicht viel los. Durch die Dünen und den gelegentlich recht hohen Wellengang herrscht hier fast so etwas wie Nordsee-atmosphäre. Einen Nachteil stellt das Strandgut (und damit auch der Müll) dar, der hier angespült wird. Duschen sind vorhanden.

Wassersport

Jetski und Co.

Wer mit einem Jetski, auf einem **Banana Boat** oder in einem von einem Boot gezogenen Reifen an der Ostküste entlangheizen will, kann sich guten Gewissens an **Papa's Beach Bar** (s. S. 43) wenden. Der erfahrene Veranstalter in Kos-Stadt bietet praktischerweise auch Erfrischungen und kleine Speisen an und man kann hier herrlich am Strand entspannen. Vergleichbare **Anbieter** finden sich in den Badeorten an der Nord- und Südküste – empfehlenswert sind beispielsweise diese hier:

> **Kardamena Water Sports Center** <124> Kardámena, www.koswatersports.gr. Breites Angebot an Wassersport an unterschiedlichen Stationen, darunter hüpfende Wasserkissen, Wasserski, Banana Boat, Surfen und Parasailing. Erfahren und auf Sicherheit bedacht.

⌂ Bei Fun 2 Fun Watersports (s. S. 87) ist die ganze Familie gut aufgehoben

> **Water Club Poseidon** <125> Kéfalos, http://waterclubposeidon.com. Anbieter mit großer Bandbreite an Wassersportaktivitäten, darunter Jetski, „Crazy Sofa", Wasserski, Wakeboard, aber auch ruhigere Aktivitäten wie Sea-Bike- oder Kanufahrten. Die ohnehin günstigen Preise verringern sich noch einmal, wenn man direkt über die Website bucht.

Segeln

Für Segler ist Kos ein gutes Reiseziel. Ausgangspunkt für Touren bildet meist die **Marina von Kos-Stadt** [H1]. Von hier lassen sich nicht nur Punkte ansteuern, die auf dem Landweg nicht zu erreichen sind, auch die Nachbarinseln sind nur einen Steinwurf entfernt. **Istion Yachting**, ein erfahrener Anbieter, organisiert **Tagestouren** rund um die Insel, die unter anderem ein eigenes Boot mit Kapitän und Verpflegung beinhalten (Infos s. Website). Allgemeine Anfragen können auch an die **Hafenbehörde** gerichtet werden.

> **Hafenbehörde Kos-Stadt**, www.kosmarina.gr/kos-marina, Tel. 2242044150
> **Istion Yachting**, www.istion.com/yacht-charters/day-trips/kos-day-cruises

Tauchen und Schnorcheln

Wer sich gern mit Sauerstoffflasche oder Schnorchel und Flossen in die Tiefe begibt, findet auf Kos **gute Bedingungen** vor. Sowohl an der Nord- als auch an der Südküste sind Tauchgänge möglich. Im Süden ist das Wasser mitunter etwas tiefer, Anfänger können an beiden Küsten problemlos ins Wasser. Tauchgänge sind grundsätzlich auch von Land aus möglich. Über geeignete **Spots zum Schnorcheln** informieren die **Tauchschulen** vor Ort.

Insgesamt lässt sich sagen, dass die Insel gerade für **Tauchneulinge** gut geeignet ist, die vielleicht zunächst einen **Schnupperkurs** belegen wollen – viele Tauchspots weisen geringe Tiefen bis 5 m auf. Auch **erfahrene Taucher** kommen mit Tiefen bis 40 oder 50 m voll auf ihre Kosten, während es für Fortgeschrittene mit OWD-Tauchschein eher wenig interessante Gründe gibt.

Ein großer Vorteil gegenüber anderen Spots in Europa ist das meist **glasklare Wasser:** Die Sicht reicht an guten Tagen mit idealen Windverhältnissen teilweise bis zu 40 m weit.

Rund um Kos findet man alle für die Ägäis typischen **Wasserlebewesen** vor, insbesondere Thunfische, Barrakudas (sehr viele), Schwertfische und zahlreiche **Delfine.** Flundern, Seepferdchen, Skorpionfische, Muränen und – insbesondere nachts – Rochen und Kraken sind ebenfalls keine Seltenheit. **Quallen** sichtet man häufig nur im Frühling – die meisten sind völlig ungefährlich, nur selten kriegt man welche mit langen, giftigen Tentakeln zu Gesicht. Feuerwürmern sollte man nicht zu nahekommen; diese leben aber meist in Tiefen, in die man als Anfänger oder Fortgeschrittener ohnehin nicht vordringt. Im Zuge des Klimawandels und des Korallensterbens konnte man in den letzten Jahren beobachten, dass sich immer mehr **Korallen** nördlich ihres eigentlichen Siedlungsgebiets niederlassen und auch die Gründe um Kos für sich entdeckt haben.

Infolge der reichen Geschichte gibt es hier aber nicht nur die typischen Meeresbewohner der Ägäis zu bestaunen, sondern hier und da ruhen ferner **Amphoren** auf dem Meeresgrund. Aufgrund des vulkanischen Ursprungs der Inselgruppe gibt es

060ko-adc

zudem zerklüftete **Canyons** (u. a. bei Gialí [E6] südlich von Kos), deren Tiefe 20 bis 50 m beträgt. Des Weiteren sorgen **Unterwasserhöhlen** und Luftaustretungen wie **warme Quellen** für ein abwechslungsreiches Taucherlebnis.

Auch die Nachbarinsel **Kálimnos** ist ein beliebtes Tauchrevier. Das hier verbreitete **Schwammtauchen** hat allerdings in den letzten Jahren aufgrund von EU-Beschränkungen, infolge mehrerer Epidemien, die den Bestand stark verringert haben, und natürlich wegen des Aufkommens künstlich hergestellter Schwämme stark nachgelassen. Dennoch sind die Einheimischen angesichts der langen Tradition des Schwammtauchens bestens über attraktive Tauchgründe informiert.

❯ **Arian Diving Centre** <126> unweit des Hafens von Kardámena, Tel. 2242 092264, www.arian-diving-centre.com. Das freundliche, internationale Team (teils deutschsprachig) bietet neben PADI-Kursen Lehrgänge im Geräte-*(scuba diving)* und Apnoetauchen *(free diving)* an. Selbstverständlich kann man hier auch seinen OWD-Schein machen. Die Schule hat einen exzellenten Ruf, den sie sich über Jahrzehnte erarbeitet hat. Inklusive Ausrüstungsverleih.

■ **Liamis Dive Centre** <127> Schiff im Hafen von Kos-Stadt, Tel. 6944295830, www.liamisdivecentre.com. Schnorcheln, Schnupperkurse und anspruchsvolle Tauchgänge in kleinen Gruppen sowie zertifizierte PADI-Kurse. Das Schiff legt um 10 Uhr in Kos ab und steuert Psérimos an (Rückkehr bis 17.30 Uhr). Der Einsteigerkurs ist bereits für 65 € (Tagestrip) buchbar.

◁ *Der Autor (links) mit Familie beim Tauchgang an der Südküste*

Wellenreiten, Wind- und Kitesurfen

Kos ist bereits seit Jahren gut für Surfer erschlossen. Im Sommer herrschen hier dank des meist nachmittags aus Nordwest wehenden **Meltémi** (s. S. 108) ausgezeichnete Bedingungen. Die meisten **Windsurfspots** befinden sich an der **Nordküste**, aber auch nordöstlich von **Psalídi** [J1] und rund um die **Halbinsel Kéfalos** [A4–B6] gibt es beliebte Reviere. Die Hauptzeit für das Windsurfen erstreckt sich von Juli bis September, mit etwas Glück kann man aber bereits ab Ostern aufs Wasser.

Wellenreiter kommen am ehesten am **Theologos Beach** [A5] auf ihre Kosten, der Süden hingegen eignet sich weder für Windsurfer noch für Wellenreiter sonderlich gut. Auch **Kitesurfer** sollten eher die **Nordküste** ansteuern.

Die folgenden **Anbieter** sind eine Empfehlung:

❯ **Fun 2 Fun Watersports** <128> am Strand westlich von Marmári, www.fun2fun-kos.com, Tel. 6942695576, Mai–Mitte Okt. tägl. 10–18 Uhr. Ein freundliches Schweizer Paar unterhält hier zwei Surfschulen. Zum einen lassen sich kurzweilige Schnupper- und Fortgeschrittenenkurse im Windsurfen, Kitesurfen oder Katamaranfahren buchen. Zum anderen kann man Stand Up Paddling ausprobieren und seine VDWS-Lizenz erwerben. Die Preise sind mit 60 €/2 Std. (Windsurfen) bzw. 225 €/6 Std. (Kitesurfen) für die Schnupperkurse recht günstig, einen geführten Katamaran-Ausflug gibt es bereits ab 90 €/2 Std.

❯ **Windsurfing Kos** <129> am Strand von Mastichári, Tel. 6956122623, www.windsurfingkos.com, www.kitesurfing kos.com. Der sympathische Berliner Stefan wohnt seit über zehn Jahren auf der Insel, die Wurzeln der Schule reichen gar 40 Jahre zurück. Hier kann man nicht nur alles erforderliche Equipment für Wind- und Kitesurftrips ausleihen, sondern auch einen der Kurse besuchen, die die Crew anbietet (Anfängerkurs 385 €/10 Std., Windsurfen günstiger, Kite-Verleih 40 €/Std., Surfbrettverleih 25 €/Std.). Weitere Filiale in Marmári.

Radfahren

Kos ist ein echtes **Mekka für Radfahrer.** Auf kaum einer anderen griechischen Insel finden sich so viele Drahtesel, beinahe nirgendwo sonst verhalten sich Autofahrer rücksichtsvoller gegenüber Zweiradfahrern als hier. Zu Recht nennt sich die Insel deshalb „Cycling Island".

Ideal zum Radfahren eignen sich **Kos-Stadt** und dessen Umgebung. Hier sind die Straßen in einem guten Zustand und es gibt viele ausge-

wiesene **Radwege** – so kann man im Stadtgebiet kilometerlang direkt am Ufer entlangradeln. Durch die geografischen Gegebenheiten ist auch die **Nordküste** wie gemacht für Radfahrer (s. Radtour 2 auf S. 90).

Anspruchsvollere Fahrer leihen sich ein **Mountainbike** aus und erkunden die gebirgige Inselmitte, den einsamen Inselsüden oder die Halbinsel Kéfalos (s. S. 62), allesamt ideales Terrain für anspruchsvolle Zweirad-Entdecker.

Es gibt eine große Anzahl an **Fahrradverleihern.** In fast allen Orten wird man fündig, sogar wenn man Mountainbikes, Tandems und Co. ausleihen möchte. Einzig **E-Bikes** stehen noch nicht in allzu großer Anzahl zur Verfügung (eine Ausnahme bildet der empfehlenswerte Anbieter E-motion in Kos-Stadt, s. unten). Der Radverleih ist zudem erstaunlich günstig – die Räder sind teilweise schon für rund 5 € pro Tag zu mieten, E-Bikes bereits ab 10 €.

EXTRATIPP

Geführte Radtouren auf Kos und den Nachbarinseln

Kos Bike Activities bietet neben mehreren geführten Touren auf Kos (auch auf Deutsch!) zudem Fahrten auf den Eilanden Nísiros (s. S. 68) und Kálimnos (s. S. 71) an, die bereits ab 55 € zu haben sind. Praktisch: Auf der Website kann man sich den Schwierigkeitsgrad jeder Tour ansehen und so einschätzen, ob sie geeignet ist. Auf dem Programm steht ferner eine einwöchige Motorseglertour mit Übernachtung auf dem Schiff, mehreren geführten Wanderungen, Transfer und deutschem Wanderführer.

❯ **Infos und Buchung:** http://kosbike activities.com, April–Sept./Okt., Tel. 6944150129, Bürozeiten: 9–11 und 17.30–19.30 Uhr

Verleihfirmen

Die Anzahl der Verleihfirmen auf Kos ist schier unüberschaubar, vor Ort tobt schon fast eine regelrechte Preisschlacht. Die meisten Anbieter sind in Kos-Stadt zu finden und bieten oft auch **Scooter** und sogar **Mietwagen** an. E-Bikes haben bisher allerdings nur wenige im Angebot. Hier zwei empfehlenswerte Anbieter in der Inselhauptstadt:

■ **E-motion** <130> od. Ethnikís Antistáseos 11, Kos-Stadt, www.e-motionkos. gr, Tel. 6997077111, 6957786374. Giórgos und sein Sohn Leonídas bieten ausschließlich E-Bikes an, die es bereits ab 10 €/Tag gibt, inkl. Einführung, Helm, Schloss und Rund-um-Uhr-Pannenservice. Sehr empfehlenswert.

- **Ideal Rentals** <131> od. Ethnikís Antistáseos 57, Kos-Stadt, www.idealrental.eu, Tel. 2242029003. Zuverlässiger Anbieter mit hervorragenden Preisen (Räder gibt es bereits ab 4 €/Tag) und sehr unkomplizierter Registrierung.

Radtour 1: Bergtour mit Aussicht

Die **Bergtour** startet im malerischen, wenngleich etwas touristischen **Bergdorf Zía** 32. Hier fährt man zunächst auf der Straße in Richtung Nordküste den Berg hinab bis nach **Asféndiou.** In dem ursprünglichen Dorf hält man sich an der Kirche Evangelismós tis Theotókou links. Nun geht es mehrere Kilometer geradeaus, wobei man unterwegs rechter Hand das Dorf **Lagoúdi** (s. S. 56) passiert und anschließend durch ein kleines **Waldstück** fährt, ehe man im Dorf **Amanioú** nach links in Richtung **Paleó Pilí** 35 abbiegt. Dort angekommen, lässt man sein Rad am **Parkplatz** stehen und wandert zu Fuß in die Geisterstadt. Wer möchte, kann sich in einem der **Lokale** hier stärken.

Anschließend geht es zunächst zurück nach Amanioú, wobei man sich im Ortskern links hält, um **Pilí** 36 zu erreichen, wo mehrere Sehenswürdigkeiten einen Besuch lohnen. Wer noch nicht in Paleó Pilí pausiert hat, kann nun hier eine **Rast** einlegen.

Im Anschluss geht es weiter in Richtung Westen. Hinter Pilí kommt man an der **Ekklisía Ágii Asómati** vorbei, mit **tollem Ausblick** über den Inselnorden. Oben an der Straße hält man sich rechts. Auf diesem Weg liegt dem Radler rechter Hand die ganze **Schönheit des Inselnordens** zu Füßen, während linker Hand bemerkenswerte, teils **rote Felsen** aufragen und Blumen oder einzelne Bäume die Szenerie prägen.

> **Charakter:** Die kurze, aber intensive, anspruchsvolle Bergtour, bei der viele Steigungen zu bewältigen sind, sollte **nur mit dem Mountain- oder E-Bike** unternommen werden.
> **Länge:** 20 km
> **Dauer:** ca. 4 Std.
> **Start:** Zía 32
> **Ziel:** Festung Andimáchia 38
> **Einkehrmöglichkeit:** Lokale in Pilí 36 und Paleó Pilí 35

An der nächsten Kreuzung geht es geradeaus weiter. An der folgenden Kreuzung fährt man rechts immer leicht den Berg hinab. Unterwegs passiert man einen **militärischen Sperrbezirk** und eine Mülldeponie, die etwas streng riecht. Auf dieser Straße radelt man insgesamt zwei Kilometer, bis man auf eine größere Straße stößt, der man nach links folgt. Nach einem weiteren Kilometer biegt man links ab, ein **Schild** weist bereits auf die **Festung Andimáchia** 38 hin. Es geht an einer **Militäranlage** vorbei, dann folgt ein **Truppenübungsplatz.** Jetzt radelt man auf einem sehr reizvollen Weg. Links bietet sich eine **schöne Sicht** auf den Berg. Am Horizont kann man schon bald die Festung ausmachen, das letzte Ziel der Tour. Nach der Besichtigung fährt man **auf demselben Weg zurück**, passiert erneut die Militäranlage und erreicht die **Inselhauptstraße**, von wo aus man bequem den Rückweg zu seinem Quartier antreten kann.

Routenverlauf im Inselplan

Die hier beschriebenen Radtouren 1 und 2 sind mit farbigen Linien im Inselplan eingezeichnet.

Radtour 2: Entspannt an der Nordküste entlang

Ausgangspunkt ist der **Fährhafen von Mastichári** ㉗. Am **Kreisverkehr** hält man sich rechts und fährt in Richtung der Stege, wo die Straße erst eine Rechts- und dann eine Linkskurve macht. An der Kreuzung mit der hübschen **blau-weißen Kapelle** geht es geradeaus weiter. Schon hat man das lebhafte Mastichári hinter sich gelassen und fährt nun immer geradeaus an der großen **Solaranlage** vorbei. Die Straße wird bald deutlich besser. An der nächsten Kreuzung hält man sich links. Man radelt gemütlich auf der Landstraße und passiert mehrere große **Hotelanlagen**.

Nun ist es nur noch ein Kilometer bis zum nächsten Ziel, einer Kirche. Die schmucke, meist verschlossene kleine Steinkirche steht direkt an der **Hauptstraße**. Auf dieser fährt man nun etwas mehr als drei Kilometer geradeaus, bis man den Abzweig links in Richtung **Marmári** ㉖ nimmt.

> ❭ **Charakter:** sehr einfache Tagestour, die ideal für Familien mit (älteren) Kindern ist. Zwar müssen ordentlich Kilometer abgespult werden, dafür gibt es kaum Steigungen und unterwegs viele Einkehr- und Bademöglichkeiten.
> ❭ **Länge:** 27,5 km
> ❭ **Dauer:** ca. 3 Std.
> ❭ **Start:** Mastichári ㉗
> ❭ **Ziel:** Kos-Stadt
> ❭ **Einkehrmöglichkeit:** zu Beginn in Mastichári (Tipps: s. S. 50), unterwegs in Tigáki ㉕ (s. S. 48) oder am Ende der Tour in Kos-Stadt (Tipps: s. S. 42)

In Marmári fährt man die lange Straße entlang bis zum **Strand**, vorbei am Supermarkt Constantinidos. Auf dem Weg zurück biegt man an der ersten größeren Kreuzung links in die od. Ioánni Kapodístria. Auf dieser Straße radelt man knapp zwei Kilometer weiter. Bei der **Gokart-Bahn** (s. S. 123) geht es links in eine kleine Straße. Man folgt der **Beschilderung „Hotel Aslanis Village"**.

Schon nach wenigen Minuten erblickt man die beeindruckende Kulisse des schneeweißen **Salz-Biotops Igroviótopos Alikís** (s. S. 48). Am See angekommen, biegt man rechts in den **Uferweg** und folgt diesem, den See umrundend, in Richtung Küste. Sobald Asphalt erreicht ist, fährt man nach rechts und erreicht so **Tigáki** ㉕. Hier kann man einen **Badestopp** im Meer einlegen. Im Anschluss geht es am **Hamam** (s. S. 48) vorbei und am Ende der Straße beim kleinen Kreisverkehr nach links.

Nun radelt man die **Uferstraße** entlang in Richtung Hauptstadt. Unterwegs bieten sich viele Gelegenheiten für **Badepausen**. Während es anfangs an den **Stränden** noch recht lebhaft zugeht und viele kommerzielle Schirmverleiher ihre Dienste anbieten, wird es schon nach wenigen Kilometern spürbar ruhiger. Mit etwas Glück hat man sogar einen Strandabschnitt für sich allein. Die Straße führt anfangs direkt am Ufer vorbei – bei leichtem Wind kann man durchaus mal einige Spritzer Meerwasser abbekommen. Später verläuft die Strecke etwas mehr vom Ufer entfernt.

Es geht immer weiter in Richtung Osten, bis man auf einen **Minikreisverkehr** mit einem Betonpfeiler in der Mitte stößt – hier biegt man links ab und kommt der **Küste** wieder näher. Wenige Kilometer vor Kos-Stadt wandelt sich die Landschaft zu einer schönen **Dünenzone**, die ein wenig an eine Nordseeinsel erinnert. Bei der Militärbasis am Ende der Uferstraße biegt man rechts ab und erreicht so die **Inselhauptstadt**.

Nach einer **Besichtigung und Stärkung** in Kos-Stadt fährt man entweder auf demselben Weg wieder zurück oder man wählt die schnellere, wenn auch weniger reizvolle Hauptstraße.

Radtour 3: Kálimnos-Rundfahrt mit Traumpanorama

Diese Radtour über die Insel **Kálimnos** (s. S. 71) beginnt am **Hafen des Hauptorts Póthia**. Direkt am Fähranleger thront auf einem **Hügel** die über Stufen zu erreichende, zunächst aufgrund der fehlenden blauweißen Bemalung etwas ungewöhnlich wirkende **Kirche Ágios Nikólaos**. Von hier umrundet man das Hafenbecken, wobei der Blick auf etliche italienische Bauten aus den 1930er

> **Charakter:** sehr anspruchsvoll, in der zweiten Hälfte viele Steigungen. Meist führt die Tour über ausgebaute Asphaltstraßen. Es empfiehlt sich ein **E-Bike**.
> **Länge:** ca. 50 km
> **Dauer:** ganztägig
> **Start/Ziel:** Hafen von Póthia, Insel Kálimnos (s. S. 71)
> **Einkehrmöglichkeit:** zahlreiche, zum Ende der Strecke hin deutlich weniger
> **Anfahrt:** mit der Fähre oder dem Ausflugsboot von Mastichári **27** oder Kos-Stadt (s. S. 73)

Jahren fällt, die noch besser erhalten sind als in Kos-Stadt. Am prächtigen Rathaus vorbei geht es links auf den schönen **Kirchplatz** mit dem **frei stehenden Glockenturm**. Im ersten Stock gegenüber der Kirche residiert das **Nautische Museum** (s. S. 73).

☑ *Blick über Kálimnos, links im Bild die Nachbarinsel Télendos*

Nun geht es (vom Museumseingang aus) rechts an der Kirche vorbei ins **Inselinnere**. Nach wenigen Metern biegt man beim Friseursalon rechts in die kleine Gasse. Kurz darauf muss man das Rad über die wenigen **Treppenstufen** tragen. Beim Haus mit den grünen Fensterläden geht es nach links, dann erneut links und geradeaus. Anschließend folgt man der Beschilderung zum **Archäologischen Museum** (s. S. 73). Direkt daneben steht das **Vouvális-Museum**, das jedoch derzeit renoviert wird.

Nun geht es wieder den Berg hinunter in den **Ortskern**. An der geschäftigen **Hauptstraße** hält man sich rechts. Beim **Flughafen-Schild** geht es nach links und dann gleich nach rechts. Hinter der Kapelle und der Schule fährt man anschließend scharf nach links, am Kreisverkehr bergan und dann weiter nach rechts. Hier lässt man das Rad am besten stehen und bewältigt den kurzen Aufstieg zur **Festung Kástro tis Chrysocheriás** und zum gleichnamigen Kloster **zu Fuß**.

Im Anschluss geht es wieder zur **Hauptstraße**, wo man die Fahrt in Richtung Inselzentrum fortsetzt. Man radelt zunächst zwei Kilometer auf der Straße und biegt anschließend beim schönen **Friedhof** links ab. Nach wenigen Hundert Metern ist der **Apollon-Tempel** bzw. die **Jerusalem-und-Sophien-Kirche** erreicht.

Folgt man dem Straßenverlauf, gelangt man ohne Umwege nach **Pánormos** (immer links halten). Ab hier folgt man weiter der Hauptstraße bis zum nächsten, ungleich schöneren Ort: **Mirtiés**. Hier bietet sich eine **Pause im kühlen Nass** mit Sicht auf die **Insel Télendos** an. Zur Stärkung empfiehlt sich das Lokal **Kouzina** (s. S. 74).

Immer an der Küste entlang führt die Fahrt nun nach **Masoúri**. Anschließend geht es auf derselben Straße immer parallel zum Meer nach **Kastélli**. Unterwegs sollte man ab und an eine Rast einlegen, um den Ausblick auf die **bizarren Felsformationen und Höhlen** in den Bergen rechts von der Straße zu genießen.

Die nächste Station an der Küstenstraße ist der **Fjord von Arginónda**. Am dortigen Steinstrand lässt sich eine Pause einlegen und in das herrlich türkisfarbene Wasser eintauchen. Am Ende des Fjords fährt man beim Abzweig nach rechts ins **Landesinnere**. Die folgenden 14 km bis nach **Vathís** sind **beschwerlich**, sind aber wegen des **einmaligen Felspanoramas** unbedingt lohnenswert. Die nächsten fünf Kilometer haben es tatsächlich in sich, als Ausgleich folgt jedoch ein zehn Kilometer langer, immer bergab führender Abschnitt durch ein langgezogenes, fruchtbares **Tal**, in dem man zunächst Olivenhaine und dann Zitrusfruchtplantagen passiert, ehe man die idyllische **Bucht von Ŕína** mit den beiden frühchristlichen **Basiliken Agía Irínis und Anastáseos** erreicht, die meist verschlossen sind.

Im Anschluss geht es zunächst wieder ein Stück zurück ins **Landesinnere** und nach anderthalb Kilometern hinter der **Kirche** mit dem türkisfarbenen Dach scharf links in Richtung Hafen (den Schildern nach Kálimnos/Póthia folgen). Unterwegs eröffnet sich immer wieder eine **prächtige Aussicht** auf Kos und Psérimos sowie einige Fischfarmen.

Die anstrengende, aber eindrucksvolle Tour endet schließlich im **Hafen von Póthia**, wo man im Anschluss die **Fähre** besteigen kann, um zurück nach Kos zu fahren.

Wandern

Auf den ersten Blick mag es nicht so scheinen, aber Kos ist eigentlich kein echtes Wanderparadies. Das hängt vor allem damit zusammen, dass es nur **wenige ausgewiesene Wanderwege** gibt und die **Wanderbedingungen** vor Ort – kaum Schatten, überwucherte Pfade, mitunter Schlangen und knöchelhohe Dornen – gerade in der Hauptsaison nicht zu den besten zählen. Nichtsdestotrotz gibt es auf Kos einige schöne Strecken, die man sich nicht entgehen lassen sollte.

Im Folgenden werden vier Wanderungen beschrieben. Es empfiehlt sich, die Touren **mit reichlich Trinkwasservorrat** und **bei Sonnenaufgang** anzutreten, um sich nicht der Mittagshitze auszusetzen, zumal es unterwegs bisweilen keine Möglichkeit gibt, den Wasservorrat aufzufüllen. Zu beachten ist außerdem, dass die Strecken oft menschenleer sind, sodass man unterwegs bei Dehydrierung kaum auf Hilfe zählen kann.

Routenverlauf im Inselplan

Die hier beschriebenen Wanderungen sind mit farbigen Linien im Inselplan eingezeichnet.

Wanderung 1: Auf den höchsten Inselberg Díkeos

Ausgangspunkt der Wanderung zum Berg Díkeos [F3] (846 m) ist die **Dorfkirche von Zía** ③②. Von hier geht es bergab in die od. Dimitríou A. Chatziantoníou. Am Ende der kurzen Straße biegt man rechts ab. Am Schild der Taverne **No Stress** (s. S. 56) geht man nach links und dann die malerischen **Treppen** hinauf. An der Kreuzung geht es bergan nach links in die od. Pafsanía. Schon nach wenigen Metern verlässt man den Orts-

> ❯ **Charakter:** relativ kurze, aber anspruchsvolle Bergwanderung. Festes Schuhwerk ist Pflicht.
> ❯ **Länge:** 8 km
> ❯ **Dauer:** 3–4 Std. (inklusive Rückweg)
> ❯ **Start/Ziel:** Dorfkirche von Zía ③② [F2]
> ❯ **Einkehrmöglichkeit:** unterwegs keine (Proviant mitnehmen), aber es gibt zahlreiche Lokale in Zía (Tipps: s. S. 55)
> ❯ **Tageszeit:** am besten frühmorgens, dann ist die Sonne noch nicht so stark; alternativ am späten Nachmittag, um den Sonnenuntergang in Zía zu erleben

☐ *Vom Berg Díkeos reicht die Sicht bis zu den Nachbarinseln im Norden*

062ko-mb

kern. An der Kreuzung, die unmittelbar nach dem Ortsausgang folgt, geht es rechts den Berg hinauf.

Jetzt hat man die Zivilisation hinter sich gelassen und findet sich in einem **schattigen Waldstück** wieder. Nach wenigen Minuten erreicht man ein schmuckes **blau-weißes Gebäude,** das man rechts liegen lässt. Der Weg schwenkt nun nach rechts. Hier bietet sich erstmals ein **wunderbarer Ausblick** über den Berg linker Hand, die Nordküste von Kos und die türkische Küste. Im Anschluss wird der Weg zunächst ebener, man spaziert gemütlich auf dem staubig-braunen Boden. Rechter Hand passiert man ein eingezäuntes Privatgrundstück, wenig später erblickt man viele **Nadelbäume,** die sich den Berg hinaufschlängeln. Man geht weiter den Weg bergauf, wobei sich unterwegs immer wieder ein spektakuläres Panorama eröffnet. Der Weg führt an weiteren Privatgrundstücken vorbei.

Nun muss man etwas aufpassen, um den **Abzweig zum Berg** nicht zu verpassen, der Hauptweg führt nämlich nach Paleó Pilí **35** weiter! Man erkennt die Abzweigung an der **blauen Aufschrift „Oikeos"** auf einem **Stein** – hier geht man nach oben links in den Wald hinein.

Dieser Teil ist deutlich **anspruchsvoller** als der bisherige Weg und man muss gut aufpassen, wohin man tritt. Ab hier finden sich gelegentlich **verwitterte, rote Punkte und Pfeile,** die den Weg zum Gipfel weisen. Dieser führt zunächst an einem Mäuerchen entlang und dann recht **steil bergauf.** Der Weg wird zunehmend schmaler, mittlerweile ist man auch stärker der Sonne ausgesetzt. Bald erreicht man eine **Kreuzung,** an der man den linken Weg einschlägt (verwirrenderweise sind beide Richtungen durch

rote Punkte markiert). Das aus Steinen aufgeschüttete **Türmchen** bildet den nächsten Orientierungspunkt. Es wird nun wieder schattiger, aber der Anstieg hat es in sich. So geht es nun etwa eine Dreiviertelstunde auf schmalen Pfaden den Berg hinauf, unterwegs genießt man eine **grandiose Sicht** auf den Norden der Insel, wobei insbesondere der **Salzsee von Tigáki 25** ins Auge fällt.

Man erreicht bald ein **kleines Plateau** mit Felskämmen. Hier ist der Weg weniger steil, dafür ist man gnadenlos der Sonne ausgesetzt und muss, sofern man kurze Hosen trägt, auf Disteln achtgeben. Hat man die nächste Anhöhe passiert, erblickt man geradeaus das Ziel der Wanderung: Auf dem Berggipfel weht die **griechische Flagge,** noch ist es aber ein ganzes Stück bis dorthin.

Rote, auf den Steinen aufgemalte Kreuze weisen den Weg zum nächsten Zwischenstopp, einer kleinen **Kirche,** auf die man aufgrund des Untergrunds aber nicht direkt zugehen sollte, sondern zu der man sich einen Weg bahnen muss. Sie ist meist unverschlossen. Wer in bester Bergsteigermanier eine Kerze anzündet, muss diese anschließend aus Brandschutzgründen wieder auspusten.

Der eigentliche **Gipfel** mit der griechischen Flagge liegt ganz in der Nähe, aber die **Aussicht** ist schon von hier so sagenhaft, dass man sich das letzte Stück auch sparen kann. Hier oben liegt einem die **Ägäis** buchstäblich **zu Füßen.** Vom Gipfel mit der Flagge aus blickt man auf die türkische Küste, in entgegengesetzter Richtung kann man Gialí [E6] und Nísiros am Horizont ausmachen.

Anschließend geht es **auf demselben Weg zurück nach Zía.** Aufgrund des recht steilen Abstiegs erfordert der Rückweg große Aufmerksamkeit und nimmt auch ungefähr genauso viel Zeit in Anspruch wie der Aufstieg. In Zía angekommen, hat man sich eine **Stärkung** in einem der vielen Aussichtslokale mehr als verdient.

Wanderung 2: Zur Festung Andimáchia

Diese Wanderung beginnt am zentralen **Platía Eleftherías (Freiheitsplatz)** von **Kardámena** ❸❶ in Hafennähe. Hier geht es vom Meer weg ins Inselinnere bis zum **Supermarkt Kritikós**, wo man sich mit **Proviant** versorgen kann. Links am Supermarkt vorbei spaziert man die Straße entlang bis zur Querstraße am Ende und geht dort nach rechts.

Unmittelbar hinter der Disco **Starlight Club** (s. S. 53) biegt man links in den kleinen Weg. Dieser schwenkt ein wenig nach rechts, an der zweiten Kreuzung hält man sich links. Es geht nun leicht bergab. Man folgt dem Weg, der im weiteren Verlauf einen kleinen Linksbogen macht. An dem eingezäunten Grundstück mit den Hunden geht es rechts in den zumeist verwitterten Weg, durch einen **Olivenhain** bis zu einer Metallhütte und dort rechts am Feld entlang bis zu der kleinen Straße, der man nach links folgt.

Schon nach wenigen Minuten erreicht man eine **kleine Kapelle**, der nach ca. 100 Metern eine **weitere Kapelle** folgt. Diese lässt man aber sprichwörtlich links liegen; stattdessen geht es bei dem von der EU finanzierten **Straßenschild** nach rechts in den ebenfalls EU-finanzierten, gut ausgebauten, **gepflasterten Weg** – hier wandert man bergan.

Unterwegs lohnt sich ein Blick zurück auf die zumindest im Frühjahr grünen, sanften Hügel dieses Teils der Insel. Der gepflasterte Weg führt in vielen kleinen Windungen zielsicher zur **Festung Andimáchia** ❸❽. Schon nach wenigen Minuten erblickt man diese in all ihrer Pracht auf dem Hügel. Wenn der Pflasterweg endet, ist es nur noch ein kleines Stück auf dem **Feldweg** nach links bis zur Anlage hinauf.

Nach einer ausgiebigen Besichtigung heißt es Abschied nehmen von der **brillanten Aussicht**.

Für den **Rückweg** geht man am Festungseingang nicht entlang der Mauer weiter, sondern schlägt rechts beim verrosteten Metallschild den **Weg ins Tal** ein. Schon nach wenigen Metern liegt es einem mitsamt seinen **Olivenbäumen** zu Füßen. Der Weg führt am Festungshügel entlang. Er ist hier alles andere als eben, also Vorsicht! Bei der folgenden Kreuzung nimmt man den breiten, mittleren Weg (nicht den Feldweg rechts) und spaziert leicht bergan. Er führt später an einem **Zaun** entlang, an dem man sich orientieren kann.

Am Ende des Zauns kann man links einen **Abstecher** zur kleinen **Kapelle Ágios Phílippos** unternehmen (oft ist der Zaun allerdings verschlossen), der eigentliche Weg führt aber nach rechts.

❯ **Charakter:** einfache, gemütliche Tour
❯ **Länge:** ca. 9 km
❯ **Dauer:** 2–3 Std.
❯ **Start/Ziel:** Kardámena ❸❶, Pl. Eleftherías [E4]
❯ **Einkehrmöglichkeit:** unterwegs keine, aber es gibt viele Lokale in Kardámena (Tipps: s. S. 53). Die Wanderung führt gleich zu Beginn an einem Supermarkt vorbei, wo man sich mit Wasser und Proviant eindecken kann.

057ko-as©Benny Trapp - stock.adobe.com

Bald gelangt man zur **Ruine einer Windmühle** und geht immer weiter. Nach wenigen Minuten erkennt man bereits das **Meer** und rechts die weiße Silhouette von Kardámena. An der nächsten Weggabelung hält man sich links und biegt nicht links in die beiden folgenden Wege ein, sondern spaziert an der Kreuzung nach rechts. Auf dieser **ruhigen, asphaltierten Straße** geht es nun ca. 1,5 Kilometer bis an den Ortsrand von Kardámena (bei allen Kreuzungen geradeaus halten), bis man wieder die Diskothek vom Beginn der Wanderung erreicht. Unterwegs passiert man noch eine kleine **Kapelle mit einem Friedhof**, der einen Besuch lohnt. Von der Disco ist es nur noch ein Steinwurf bis zum Ausgangspunkt, der **Platía Eleftherías**. Hier und in der angrenzenden Bar Street versprechen zahlreiche Lokale eine **kulinarische Pause**.

⌂ *Die Festung Andimáchia bildet den Höhepunkt von Wanderung 2*

Wanderung 3: Von Strand zu Strand und Küste zu Küste

Ausgangspunkt dieser **Badewanderung** ist der **Paradise Beach** (s. S. 84), der seinem Namen alle Ehre macht. Immer auf Sand geht es am Wasser entlang nach links bzw. Richtung Nordosten. Nach etwa 600 Metern ist der relativ einsame Strand **Langada Beach** erreicht und man spaziert immer weiter bis zum **Markos Beach** (s. S. 84).

Dort geht es an der **Strandbar mit dem blauen Dach** den Hügel hinauf nach links. Über eine langgezogene **Serpentine** erreicht man die **Hauptstraße**, die man überquert, um beim einzigen Haus an dieser Stelle den Weg nach links einzuschlagen. Kurz vor der Hauptstraße sollte man noch einmal einen Blick zurück auf das **malerische Panorama** mit Markos Beach und den Inseln südlich von Kos werfen.

Man folgt dem **steinigen Weg**, bis man zu einer Kreuzung gelangt. Hier biegt man rechts ab und nach ca. 200 Metern bei dem Weingut mit der Solaranlage auf dem Dach links. Dieser Piste folgt man nun geradeaus bis zur **Nordküste**. Beim wildromantischen **Volcano Beach** (s. S. 85) spaziert man gemütlich nach links (Richtung Südwesten). Nach einer halben Stunde erreicht man eine **Surfschule** (nur in der Saison, ansonsten an der Dusche orientieren), noch 100 Meter weiter, dann geht es links die **Dünen** hinauf. Wer baden möchte, kann dies auch am **Kochylari Beach** (s. S. 83) tun.

Oben stößt man auf eine **Straße**, deren Verlauf man folgt. Schon nach wenigen Metern ist ein kleines, **eingezäuntes Grundstück** erreicht, hinter dem man links abbiegt, um dann sofort den Pfad rechts zu nehmen.

Kurz vor den **Solarkollektoren** nimmt man den Pfad rechts unter der Stromleitung hindurch. Nach wenigen Minuten erreicht man beim **einzigen Haus** einen weiteren Weg, hier

⌄ *Paradise Beach (s. S. 84), Ausgangs- und Endpunkt von Wanderung 3, trägt seinen Namen zu Recht*

hält man sich links. Bei der nächsten Wegkreuzung wendet man sich nach rechts, geht dann sofort links zum **Brunnen** und dort rechts.

Am eingezäunten Grundstück angelangt, wandert man nach rechts. Beim großen Strommast geht es links zur **Hauptstraße**. Ein Stück nach links und dann nach rechts den Berg hinunter, schon ist der **Paradise Beach** und damit der **Ausgangspunkt** der Wanderung erreicht.

> ❭ **Charakter:** sehr einfach zu bewältigen. Da dies eine Rundwanderung ist, kann man sie auch am Kochylari Beach beginnen oder ausklingen lassen und so die Strecke abkürzen.
> ❭ **Länge:** ca. 8 km
> ❭ **Dauer:** 2–3 Std.
> ❭ **Start/Ziel:** Paradise Beach [C4]
> ❭ **Einkehrmöglichkeit:** Strandbars am Paradise und Markos Beach (Beginn der Wanderung) sowie am Kochylari Beach (nach ca. zwei Dritteln). Man sollte genügend Wasser und Sonnenschutz mitnehmen, unterwegs ist man dauerhaft der Sonne ausgesetzt.

Wanderung 4: Sagenumwobene Höhle, kleine Kirchen und sensationelle Ausblicke

Die Wanderung startet am **Hafen von Kamári** [B5]. Man geht zunächst vom Meer weg ins **Inselinnere**, indem man zwischen den beiden Supermärkten hindurch einen Kilometer geradeaus läuft (nicht dem Abzweig zur ausgeschilderten Kirche links folgen). Schon bald macht die **Straße** eine Rechts- und eine Linkskurve und führt dann rund einen Kilometer sanft bergan. Dabei lohnt sich der Blick zurück auf den Hafen, die kleine Insel mit der winzig wirkenden Kirche und den kleinen Canyon rechts.

> ❯ **Charakter:** einfach, der Abstecher zur Höhle ist etwas anspruchsvoller
> ❯ **Länge:** ca. 18 km
> ❯ **Dauer:** 5–6 Std.
> ❯ **Start/Ziel:** Hafen von Kamári [B5], Halbinsel Kéfalos
> ❯ **Einkehrmöglichkeit:** unterwegs keine, unbedingt am Hafen mit Wasser und Proviant eindecken, am Ende bei Sydney Bar and Grill (s. S. 66)
> ❯ **Tipp:** Oben auf dem Berg herrscht ein teils sehr **frischer Wind,** daher ist Windschutzkleidung in der Nebensaison ratsam.

Nachdem die Straße einen Linksschwenk und eine etwas steilere Steigung vollzogen hat, kommt ein **Kreisverkehr,** an dem man links abbiegt, wo es erst einmal ohne Steigungen weitergeht. Schon nach wenigen Minuten ist die schmucke, **blau-weiße Kirche Panagía Kastrianí** auf der linken Seite erreicht, zu der ein Pfad den Berg hinaufführt. Neben der modernen Kirche stehen die Reste der **Kapelle Panagía Palatianí,** die möglicherweise auf den Ruinen eines antiken, heidnischen Heiligtums errichtet wurde.

Nach diesem Abstecher geht es weiter entlang der Straße. Nach einem weiteren Kilometer ist linker Hand das nächste Zwischenziel erreicht, das man durch das **Tor im Zaun** betreten kann: die **spärlichen Reste eines antiken Tempels,** von dem nur einige Steinquader und Säulenreste erhalten sind (hierzu geht man am Eingang nach rechts). Vom **Theater** (links) sind nur zwei Stufenreihen übrig. Einst gehörten die beiden Anlagen zur Inselhauptstadt Astipálea, der bedeutendsten Siedlung der Insel, bevor Kos-Stadt gegründet wurde – ein guter Ort **zum Verschnau-**

☐ *Spektakuläres Panorama der Südküste von Kos*

065ko-mb

fen, zumal es hier recht schattig ist. Nicht weit von hier an der Straße steht ein **Brunnen**, wo man mit etwas Glück seinen Wasservorrat auffüllen kann.

Weiter geht es auf der Straße, immer am Zaun entlang und am **Straßenschild** links in Richtung des Klosters Ágios Ioánnis Thimianós ④. Die Straße windet sich in einer relativ steilen Schleife bergan. Hier wandert man idyllisch inmitten von Pinien. Bei der folgenden Linkskurve bietet sich eine **fantastische Aussicht** auf das westliche Ende der Insel und zahlreiche Windräder. Man verlässt nun die Straße und biegt links in den **Weg** ein. Dieser führt durch einen schönen, **kleinen Pinienwald** und an einem Privatgrundstück mit Olivenplantage vorbei.

Unmittelbar danach folgt eine Wegkreuzung, an der man geradeaus weiterwandert. Bald stößt man wieder auf die **asphaltierte Straße**, der man nach links folgt. Nach wenigen Minuten passiert man eine **bizarre Gesteinsformation**, die Straße schwenkt hier erst nach rechts und dann nach links. So gelangt man zu einem **Aussichtspunkt** mit sagenhafter Sicht auf die Strände von Ónia und Kámbos ④ linker Hand und den nun gar nicht mehr so hoch erscheinenden **Berg Látra** [B6] rechter Hand.

Unmittelbar dahinter folgt eine Kreuzung, an der man die Straße zugunsten des Weges links verlässt. An einem **kreisrunden Metallsilo** vorbei führt der steinige Weg nun leicht bergab – hier eröffnet sich ein reizvoller Ausblick auf die Nachbarinsel Nísiros.

An der nächsten Weggabelung wählt man den rechten Weg, der an der **grünen Steinstele** bergab führt und eine schöne Aussicht auf das Südende von Kéfalos verspricht. Wenige Minuten später entdeckt man ein **kleines, blaues Schild** mit der **Aufschrift „Áspri Pétra"** – hier geht es links den Berg hinauf. Der schmale, etwas beschwerliche Weg führt direkt zu der sagenumwobenen **Höhle gleichen Namens** ④. Nach dem Besuch der Höhle und einer **Pause mit Aussicht** geht es auf demselben Weg **zurück zur grünen Stele**.

Dort nimmt man den **Weg scharf rechts** (nicht den mittleren, der zu den Bienenstöcken führt, sondern den links davon) – eventuell steht hier noch ein rostiges Metallschild, das bei der Orientierung hilft. Nun geht es immer auf den **Gipfel** zu durch einen kleinen **Pinienwald**, beim Strommast hält man sich links. Dieses Stück ist recht beschwerlich, da der **Untergrund** oft **steinig** ist und

△ *Kurz vor dem Eingang zur Höhle Áspri Pétra*

man aufpassen muss, wo man hintritt. Man folgt dem Verlauf der Stromtrasse und erreicht die große **Sendestation**, die man links liegen lässt, um zur kleinen, **blau-weißen Kapelle Panagía Ziniótissa** zu gelangen. Mit etwas Glück steckt dort gerade der Schlüssel und man kann ein wenig verweilen. Hinter der Kapelle überblickt man fast ganz Kos, ein **einmaliges Panorama**.

Folgt man dem Verlauf des Weges, gelangt man zu einem **verlassenen Steinbruch.** Hier heißt es Abschied nehmen vom Berg. Über Radarstation, grüne Stele und Hauptstraße geht es nun **auf derselben Strecke zurück zum Hafen,** dem Ausgangspunkt dieser Wanderung. Auch wenn dieser vom Steinbruch aus verlockend nahe scheint (Luftlinie 500 m), sollte man keinesfalls den Abstieg wagen, da dieser bei einer **Schlucht** endet und man Gefahr läuft, den Rest des Urlaubs im Krankenhaus zu verbringen.

Die Wanderung kann man entspannt bei **Sydney Bar and Grill** (s. S. 66) ausklingen lassen.

Weitere Aktivitäten

Klettern

Die **Nachbarinsel Kálimnos** hat sich zu einem beliebten Kletterreiseziel entwickelt: Die vielen Felsen und das gebirgige Landesinnere des Eilands sind hierfür ideal – insgesamt gibt es sage und schreibe rund 2500 Kletterspots. Zudem findet im Oktober das **Climbing Festival** (s. S. 103) statt, das bedeutende internationale Größen der Szene und zahlreiche Schaulustige anzieht. Auch das winzige Eiland **Télendos** westlich von Kálimnos ist bei Climbern beliebt.

Reiten

Die **flache Nordküste** von Kos mit ihren weiten Ebenen ist bei Reitern ausgesprochen beliebt – gerade bei Anfängern. Hier gibt es mehrere **Anbieter,** die auch **Touren an den Stränden** anbieten, was allerdings häufig offiziell nicht gestattet ist. Empfehlenswert sind außerdem Touren durch die Bergdörfer, allerdings haben diese nur wenige Firmen im Programm.

› **Alfa-Horse** <132> in Amanioú, östlich von Pilí, www.alfa-horse.de, Tel. 2242041908, tägl. 8–12 Uhr und nach Vereinbarung. Individuell auf die Besucher abgestimmte Reittouren aller Niveaustufen mit deutschen Pferden, auch der Betreiber ist ein Landsmann. Erlebnisreiche Ausritte in die Berge, keine Strandtouren. Das Tierwohl wird hier großgeschrieben.

› **Erika's Horse Farm** <133> od. Posidónos, östlich von Marmári, gut ausgeschildert, www.erikashorsefarm.gr, Tel. 6945935137, im Sommer Mo.–Sa. 9–13 und 17–21 Uhr, im Winter Mo.–Fr. 12–21, Sa./So. 10–21 Uhr. Hier werden Reitstunden angeboten, aber auch Ausritte an den Strand von Marmári und entlang des Salzsees von Tigáki. Besonders schön sind die Sonnenuntergangsritte (90 Min., 40 €). Angeschlossen ist das nette Biocafé The Farm.

› **The Ranch** <134> außerhalb von Tigáki, gut ausgeschildert, www.theranchkos. com, Tel. 6947400215, ab 25 € pro Ausritt. Im Western-Stil eingerichtete Ranch mit Pferdekoppel, die Strandausritte für erfahrene Reiter und Neulinge veranstaltet. Die rund einstündigen Touren, die entlang der Nordküste in Richtung Westen führen, umfassen auch einen Abstecher ins Inland. Auf der Ranch stehen ein Saloon (Café), eine kleine Ponykoppel und ein Spielplatz für die ganz kleinen Gäste zur Verfügung.

KOS ERLEBEN

Feste und Folklore

Es sind vor allem die **religiösen Feste**, die den Veranstaltungskalender von Kos bestimmen. Neben den **Patronatsfesten** einzelner Orte, die meist schon am Vorabend mit einer bunten, lebhaften Feier eingeläutet werden, sticht vor allem das griechisch-orthodoxe **Osterfest** hervor.

Für kirchliche Feiertage gilt, dass sich diese nach dem **julianischen** und nicht nach dem in Mitteleuropa üblichen gregorianischen Kalender richten. Es kann also zu Abweichungen von bis zu zwei Wochen kommen, etwa beim Osterfest. Andere Feiertage wie Weihnachten sind hingegen fix. Im Sommer findet das bekannte **Hippokratia-Festival** statt, an dem nicht nur in kulinarischer, sondern auch in kultureller Hinsicht einiges geboten wird.

❯ **6. Januar:** Am **Dreikönigstag (Theofánia)** wird der Taufe Christi gedacht. Vielerorts springen Männer ins Meer, um die Taufe Jesu symbolisch nachzuvollziehen. Sie tauchen nach einem Kreuz, das ein Priester zuvor ins Wasser geworfen hat.

❯ **Februar/März: Karneval** wird auf der Insel in zahlreichen Orten gefeiert. Ähnlich wie im Rheinland verkleiden sich viele Dorfbewohner und ziehen bei Musik gut gelaunt durch die Straßen. Krönender Abschluss ist das „Verbrennen des Geistes", bei dem eine Puppe verbrannt wird. Gleichzeitig ist dies der Auftakt für die nun beginnende Fastenzeit.

❯ **April/Mai:** Das **Osterfest** ist das Highlight des orthodoxen Jahreskalenders und fällt aufgrund des julianischen Kalenders nur alle paar Jahre mit unserem Ostern zusammen. Schon Tage vor-

◁ *Vorseite: Kunst im Art Cafe Gallery Oraia Ellas (s. S. 56)*

Staatliche Feiertage

❯ **1. Januar: Neujahr** (Protochroniá)
❯ **6. Januar: Dreikönigstag** (Theofánia)
❯ **Februar/März** (beweglich): **Rosenmontag** (Kathará Deftéra)
❯ **25. März: Unabhängigkeitstag/ Nationalfeiertag** (Evangelismós)
❯ **April/Mai** (beweglich): **Karfreitag** (Megáli Paraskeví), **Ostersonntag** (Páscha), **Ostermontag** (Deftéra tou Páscha)
❯ **1. Mai: Tag der Arbeit** (Protomagiá)
❯ **Mai/Juni** (beweglich): **Pfingsten** (Agíou Pnévmatos/Pentikostí)
❯ **15. August: Mariä Himmelfahrt** (Kímisi tis Theotókou)
❯ **28. Oktober: Nationalfeiertag/ Óchi-Tag** (Epétios tou Óchi)
❯ **25. Dezember: 1. Weihnachtstag** (Christoúgenna)
❯ **26. Dezember: 2. Weihnachtstag** (Sýnaxis tis Theotókou)

her steigt die Vorfreude. Man begrüßt sich mit *Kaló Páscha* („Frohe Ostern") und von Gründonnerstag bis Karsamstag mit *Kalí Anástasi* („Frohe Auferstehung"). Samstagabends geht es in die Kirche. Der Gottesdienst dauert bis in die Morgenstunden und man wünscht sich ein fröhliches *Christós Anésti* („Christus ist auferstanden"), ehe es nach Hause geht, wo schon die traditionelle griechische Ostersuppe *majiritsa* wartet, die aus Lamminnereien besteht. Wer an Ostern auf der Insel ist, sollte auf keinen Fall einen Gottesdienst versäumen. Das öffentliche Leben steht am Sonntag allerdings vielerorts so gut wie still.

❯ Anlässlich des **Patronatsfestes des hl. Georg** findet in Pilí **36** kurz nach Ostern ein halsbrecherisches **Pferderennen** statt, das von lokalen Tierschutzorganisationen durchaus kritisch gesehen wird.

> **Juni bis Oktober:** Im Rahmen des **Hippokratia-Festivals** locken zahlreiche Veranstaltungen, darunter Theateraufführungen, Konzerte, Kunstausstellungen und Folkloreshows. Im Asklepieion ㉔ wird der Eid des Hippokrates (s. S. 40) nachgestellt und in der Synagoge ⑬ finden Kunstschauen statt. Sportfans pilgern nach Tigáki ㉕, wo ein Beachvolleyball-Wettbewerb Abwechslung verspricht. Leckermäuler zieht es nach Kéfalos ㊷ (zum Trata-Fisch-Festival) oder nach Andimáchia ㊲ (zum Honigfest).

> **29. Juni: Patronatsfest St. Peter und Paul** in Andimáchia

> **Erste Augustwoche:** farbenprächtiges **Weinfest** in Mastichári ㉗

> **15. August: Mariä Himmelfahrt** mit erlebenswerten Festen in Andimáchia und Kéfalos

> **1. September:** An diesem Tag legen viele Frauen gemäß einer antiken Tradition aus Lebensmitteln und Blättern von der Platane des Hippokrates ❸ geschnürte **Kränze** am Strand ab und lassen sie von den Wellen auswaschen. Anschließend werden die Kränze als Glücksbringer an die Haustür gehängt.

> **Oktober:** Jetzt zieht es viele Kletterfans und Schaulustige nach Kálimnos (s. S. 71), wo das international renommierte **Climbing Festival** (https://climbingfestival.Kalymnos-isl.gr) veranstaltet wird.

> **ab Mitte Dezember: Weihnachtsmärkte** haben zwar in Griechenland keine lange Tradition, erfreuen sich aber nichtsdestotrotz großer Beliebtheit. Da zu dieser Jahreszeit kaum Touristen auf der Insel weilen, kommt man hier schnell mit den Einheimischen in Kontakt.

Kos kulinarisch

Essen und Trinken

Die **Inselküche** entspricht der des gesamten Landes: Sie ist relativ einfach, setzt auf frische Zutaten und ist äußerst schmackhaft. Entgegen landläufiger Vorstellungen hat die griechische Kochkunst weit mehr zu bieten als Gyros und Co., sondern sie überzeugt auch mit vielfältigen Fischgerichten, gesunden Salaten und raffinierten Süßspeisen.

Die Vielfalt an lokalen **Fleischspeisen** ist kaum zu überblicken: Ob Schwein, Rind, Huhn, Ziege oder Hammel – alles findet in der Inselküche Verwendung, meist gegrillt und mit frischen Kräutern, Olivenöl sowie Knoblauch verfeinert.

Fisch und **Meeresfrüchte** sind ebenfalls populäre Bestandteile der Koer Küche. Neben Sprotte, Meeräsche, Rotbarbe, Schwertfisch und Dorade kommen Tintenfisch und Muscheln auf den Teller. Bei der Bestellung sollte man nach der Herkunft fragen, oft stammt der Fisch von Farmen oder wird importiert. Beim **Preis** gilt besondere Vorsicht, denn meist wird der Fisch **nach Kilo abgerech-**

069ko-mb

> *Fangfrischen Fisch kann man direkt von den Fischern am Hafen* ❶ *von Kos-Stadt kaufen*

net – am besten gibt man vorab die gewünschte Menge in Gramm an und klärt, wie hoch der Endpreis dafür ist (der häufig nicht auf der Karte ausgewiesen ist). Kilopreise um die 100 € sind nicht unüblich.

Wildkräuter finden in der koischen Küche oft Verwendung, es würde nur den wenigsten Insulanern einfallen, diese im Geschäft zu kaufen.

Ein schmackhafter und populärer Begleiter zu alkoholischen Getränken ist der traditionelle **Weinkäse Pósa. Krasotíri** wird aus Ziegenmilch hergestellt und anschließend in Rotwein eingelegt. Käse spielt zudem beim traditionellen Gericht **Katiméria** eine wichtige Rolle: Dabei handelt es sich um spiralförmige Teigtaschen mit Käsefüllung, die mit Honig überzogen werden.

Die Griechen mögen es gern süß. Neben **Halvá**, mit Honig umhülltem Sesam und anderen Naschereien, die in ganz Griechenland verbreitet sind, ist man auf den Eilanden Kos und Nísiros besonders stolz auf die zuckersüßen, **in Sirup eingelegten Tomaten**, die insbesondere zum Tee eine beliebte Nascherei darstellen. Lokal erzeugten **Honig** (s. S. 107) gibt es in vielen Varianten, er genießt im ganzen Land einen guten Ruf. Auch bei den Getränken geht es süß zu: Die von Nísiros stammenden Erzeugnisse **Kanelláda** (Zimtsirup) und **Soumáda** (Mandelsirup, der u. a. in Cocktails Verwendung findet, auch bekannt als Orgeat) sind nur gut verdünnt zu genießen, mit Eiswürfeln im Sommer aber eine herrliche Erfrischung.

Zum **Nachtisch** wird gern das aus der Türkei bekannte **Baklava** gereicht, aber auch **Loukoúmi**, das als hervorragender Teebegleiter gilt. Hierbei handelt es sich um eine zuckersüße, geleeartige Masse, die oft

mit Rosenwasser versetzt, mit Pistazien oder Früchten garniert und dann in Puderzucker gewälzt wird.

Natürlich gibt es auf Kos den berühmten Anisschnaps **Oúzo**, der entweder pur oder mit Wasser vermischt getrunken wird, wodurch er seine unverwechselbare milchige Trübung erhält. Meist wird er in den Restaurants nach dem Essen (oft auch ungefragt) serviert, sodass man als Kos-Urlauber garantiert in den Genuss der Spirituose kommt. Wer sich als Tourist zu erkennen geben möchte, trinkt den Oúzo übrigens in einem Zug aus – die Griechen hingegen lassen sich viel Zeit, genießen ihn in kleinen Schlucken und essen eine Kleinigkeit dazu.

Weitere beliebte Getränke sind **Retsína**, ein mit Harz versetzter Weißwein, und **Tsípouro**, ein Tresterbrand.

Beliebt ist ferner der **Frappé**, Instantkaffee mit kaltem Wasser und Zucker. **Wasser** erhält man in Restaurants meist nicht kostenlos, außer als Begleitung zu einer Kaffeespezialität.

Im Lokal

Es gibt in Griechenland diverse Lokaltypen. Einfache, gleichwohl gute **Tavernen** erkennt man meist daran, dass hier viele Einheimische einkehren. **Restaurants** sind teurer. In einer **Ouzerí** trifft man sich meist auf ein Gläschen und einen Schwatz, wobei auch hier kleine Speisen serviert werden. **Grill-** bzw. **Imbisslokale** sind ebenfalls weit verbreitet und meist ganzjährig geöffnet, was auf die meisten Restaurants nicht zutrifft.

Probleme beim Bestellen sollte man keine haben, denn die meisten **Speisekarten** sind auch auf **Englisch**, oft sogar auf Deutsch erhältlich (wobei die Übersetzungsprogramme häu-

Koischer Wein

Schon vor 2500 Jahren wurde auf Kos Wein angebaut. In der **Antike** (s. S. 24) genoss der Wein von der kleinen Dodekanes-Insel einen ausgezeichneten Ruf und wurde in das gesamte Mittelmeergebiet exportiert. **Hippokrates** (s. S. 36) erkannte die antioxidative Wirkung des Rebensafts und verordnete ihn an Patienten. Damals wurde er wegen seiner Süße häufig mit Meerwasser gemischt, was heute wohl nicht unseren Geschmack treffen dürfte. Es gibt einige **Weinbetriebe** auf Kos, die sich alle unweit der Inselhauptstraße angesiedelt haben.

> **Hatziemmanouil** <135> www.hatziemma nouil.gr, Tel. 2242068888. Sechs verschiedene Weine, darunter ein Dessertwein und ein Rosé. Seit 1929 existiert der Traditionsbetrieb, der seine Lese von 50.000 Flaschen in einem modernen Gebäude an der Hauptstraße verkauft.

> **Mesariano** <136> Tel. 2242028035, www.mesariano.gr. Vertreibt ausschließlich Bioweine, die garantiert vegan (ohne tierische Hilfsmittel) hergestellt werden; einziger Anbieter dieser Art auf der Insel. Direktverkauf, es gibt auch Mengenrabatt. Die freundlichen Winzer geben einen Einblick in ihren Weinkeller und zeigen stolz ihre Holzfässer.

> **Triantafylopoulos** <137> www.koswinery. gr. Schönes Weingut, das u. a. Merlot, Chardonnay, Sauvignon blanc führt, aber auch alte griechische Weinsorten wie Malagousia wiederentdeckt hat und bereits mehrfach für seine Tropfen ausgezeichnet wurde. Die freundlichen Mitarbeiter führen gerne durch das Gut.

Lecker vegetarisch

Griechenland ist sicher **kein Mekka für Vegetarier**. Allerdings stehen in den meisten Lokalen mittlerweile einige **vegetarische Gerichte** zur Wahl, zumal griechische Klassiker wie der beliebte Bauernsalat ohnehin gänzlich ohne Fleisch daherkommen. Viele Restaurants kennzeichnen vegetarische Gerichte durch Symbole auf der Karte.

Essen mit Aussicht

Aufgrund der eher flachen Bauweise der Häuser darf man auf Kos keine Rooftop-Bars oder Ähnliches erwarten. Derer bedarf es aber auch gar nicht, denn zum Beispiel im **Bergdorf Zía** **32** (Gastrotipps: s. S. 55) und im Örtchen **Kéfalos** **42** auf der gleichnamigen Halbinsel gibt es einige Lokale, die einen **herrlichen Panoramablick** über die Insel bieten.

---

fig nicht gerade gute Arbeit leisten). Mitunter kommen auch Bilder zum Einsatz, die bei der Auswahl helfen.

In Griechenland ist es gang und gäbe, mehrere Gerichte zu bestellen, von denen sich alle am Tisch im Rahmen der **Tischgemeinschaft** *(paréa)* bedienen können. Die kleinen Gerichte – kalt und warm serviert – sind bekannt als **Mezédes** (sing. *mezé*) und ähneln den Tapas der spanischen Küche. Mezédes sind ideal, um in die griechische Küche hineinzuschnuppern. Von einer der Köstlichkeiten

wird man meist nicht satt, sodass man als Familie getrost acht bis zehn bestellen kann. Und wenn alle vom Zaziki gekostet haben, muss man sich anschließend auch keine Sorgen um schlechten Atem machen …

In vielen Restaurants wird, ähnlich wie in Italien, ein **Couvert** berechnet. Meist zahlt man für Gedeck und Brot zwischen einem und drei Euro.

Beim Bezahlen der **Rechnung** ist es üblich, dass eine Person am Tisch die gesamte Summe begleicht. Die Rechnungssumme, wie in Deutschland üblich, zu splitten, gilt in Hellas geradezu als kulturelle Sünde. In puncto **Trinkgeld** sind zehn Prozent des Rechnungsbetrags angemessen.

Vorsicht ist geboten, wenn einem im Hafen von Kos-Stadt **bunte Gutscheine** mit Vergünstigungen in Lokalen offeriert werden. Erfahrungsgemäß haben es gute Lokale nicht nötig, auf solche Tricks zurückzugreifen und die Qualität der Speisen in solchen Lokalen ist dann häufig sogar schlechter als anderswo.

Nachtleben

Wer auf der Suche nach Diskotheken, Bars und Pubs ist, wird am ehesten in **Kardámena** ❸⓪ an der Südküste fündig, wo das Nachtleben fest in britischer Hand ist und ein vorwiegend junges Publikum anzieht. An der Nordküste finden Nachteulen in **Tigáki** ❷⑤ und **Mastichári** ❷⑦ Erfüllung.

Eine große Auswahl an Pubs und Bars gibt es natürlich auch in **Kos-Stadt**, insbesondere rund um die **Bar Street (od. Nafklírou)** nördlich der antiken Agorá ❾. Zugleich bieten sich viele Restaurants für einen Sundowner an, da sie alle recht lange geöffnet haben.

Ein unvergessliches Erlebnis ist ein **Abendessen in Zía** ❸②, wo der **Sonnenuntergang** so schön ist wie sonst nirgendwo auf der Insel – garantiert die beste Methode, um sich auf die Nacht einzustimmen (Details s. S. 128).

Tipps zu einzelnen Ausgehorten stehen im ersten Teil des Buches bei jeweiligen Orten unter der Überschrift „Nachtleben".

Was wo kaufen?

An **Lebensmittelgeschäften** herrscht auf Kos kein Mangel, auch in den kleinsten Dörfern gibt es meist einen Laden, der Touristen ebenso wie die lokale Bevölkerung mit allem Nötigen versorgt.

Größere **Supermärkte** sind nicht allzu häufig vertreten. Man findet sie in größeren Dörfern an den Küsten, in der Hauptstadt, in Kéfalos ❹② und entlang der Hauptstraße in Richtung Kos-Stadt. Darunter befinden sich neben Filialen international bekannten Ketten auch mehrere Läden der empfehlenswerten griechischen Kette Konstantinos.

Souvenirgeschäfte findet man ebenfalls über die ganze Insel verteilt. Neben allerlei Tand à la Kühlschrankmagneten und Co. werden auch hochwertige Produkte wie **Olivenholzwaren** und **Olivenseife** ver-

Smoker's Guide

Raucher dürften sich in Griechenland pudelwohl fühlen. Etwa 40 % der Bevölkerung raucht, ein Spitzenwert in Europa. Zwar gilt auch hier in Lokalen ein absolutes Rauchverbot (Terrassen ausgenommen), doch meist wird schon nach wenigen Restaurantbesuchen klar, dass es nicht unbedingt eingehalten wird, spätestens wenn der Wirt und seine Familie in der Mitte des Lokals genussvoll ihre Zigaretten rauchen.

Als Nichtraucher kann man sich entweder gleich nach draußen setzen, sich ein anderes Lokal suchen oder in den sauren Apfel beißen und einen Tisch in einer nicht verrauchten Ecke wählen. Immerhin hat sich in den letzten Jahren viel getan, auch aufgrund der geänderten Rauchgewohnheiten der Urlaubsgäste, und so verbessert sich die Situation zusehends.

Honig von der Insel

An der Straße nach **Kéfalos** ㊷ befindet sich ein kleiner **Imkereibetrieb** mit angeschlossenem **Verkaufsraum** und **Restaurant**, der mittlerweile in dritter Generation geführt wird. Hier gibt es sortenreinen Thymian-, Pinien- und Erikahonig, den man auch verkosten kann. Daneben lassen sich ungewöhnliche Sorten erstehen, etwa ein kräftiger Honig, der seine besondere Note dem Erdbeerbaum verdankt, gut bei Bluthochdruck helfen soll und hervorragend zu Käse passt. Auch andere Produkte wie **Rakómelo**, einen Raki mit Honig, den man im Winter warm trinkt und der bei Erkältung hilft, verschiedene **Kosmetika** wie Seifen und Salben, Loukoúmi, Sesamriegel, Bonbons, mit Honig versetzter Rotwein, Kerzen und mehr kann man kaufen. Die freundlichen Mitarbeiter zeigen Besuchern gern den Betrieb und weihen sie in die Geheimnisse der Honigproduktion ein. Hierzu

kommt man am besten nachmittags, da die sympathische Besitzerin und ihre Angestellten dann mehr Zeit haben.

In dem kleinen **Lokal** gibt es *mezé* und verschiedene Süßspeisen mit Honig, darunter den beliebten Katineró, einen Käsekuchen mit Honig.

Nach **Voranmeldungen** kann man in kleinen Gruppen gegen eine geringe Gebühr in den **Imkeranzug** steigen und die Bienenstöcke besuchen – das ist gerade für Familien ein spannendes Erlebnis.

› **Mélissa** ‹138› Tel. 2242071386, 2242072260, auf Facebook

070ko-mb

kauft. Beliebte Souvenirs sind auf Kos gepresstes **Olivenöl** und lokaler **Wein** (s. S. 105) sowie **Käse**. **Naturschwämme** in allen erdenklichen Varianten und Größen sind ein typisches Mitbringsel von der Insel Kálimnos, gelegentlich gibt es sie auch auf Kos.

Der beste Ort auf Kos, um lokal erzeugte Produkte in hoher Qualität zu kaufen, ist die **Markthalle** auf dem Freiheitsplatz in **Kos-Stadt** (Dimotikí Agorá, s. S. 45). Hier gibt es beispielsweise Mandelmilch, Zimtsirup und die von Nísiros stammenden eingelegten Tomaten. Wer an hochwertigen, handwerklich hergestellten Andenken interessiert ist, wird ferner in **Pilí** ㊱ oder **Zía** ㉜ fündig – allerdings nicht unbedingt in den Läden an der Hauptstraße, sondern eher in den kleinen Gassen.

Wer **Oúzo** (s. S. 104) für zu Hause erwerben möchte, sollte bedenken, dass dieser – ungeachtet der Etiketten mit dem Aufdruck „Kos" – nicht von der Insel stammt, sondern auf Rhódos oder andernorts hergestellt wurde. Es handelt sich also nicht um ein authentisches Souvenir.

Vorsicht ist außerdem bei **Markenfälschungen** geboten: Die Gucci-Sonnenbrille für 10 € ist mit Sicherheit kein Schnäppchen mehr, wenn sie vom **Zoll** beschlagnahmt und entsorgt wird. Auch Taschen, Fußballtrikots und andere gefälschte Waren sollte man lieber nicht kaufen, schon um die schlechten Produktionsbedingungen nicht zu fördern. In besonderem Maße gilt dies für das türkische **Bodrum** (s. S. 75), wo gefühlt 90 % der Waren auf dem Basar Fälschungen sind.

Natur erleben

Kos ist zwar vielerorts eine relativ **karge Insel,** dafür ist sie aber stellenweise noch sehr **unberührt,** gerade auf der Halbinsel Kéfalos [A4–B6]. Das Eiland ist recht vielfältig: Schroffe Felsen kommen hier ebenso vor wie idyllische Sand- und Kiesstrände, Schluchten, kleine Waldstücke und heiße Quellen. Darüber hinaus verfügt die fruchtbare Insel über einen verhältnismäßig nährstoffreichen Boden, der gute Bedingungen für die **Landwirtschaft** bietet, beispielsweise für den **Weinanbau** (s. S. 105). In **geologischer Hinsicht** ist Kos vulkanischen Ursprungs, worauf etwa die Existenz der Embrós-Therme ㉙ zurückzuführen ist.

Prägend für das **Klima** auf der Insel ist ein Wind namens **Meltémi,** der in den Sommermonaten aus nördlicher Richtung über die Inseln der Ägäis weht und gerade in den Nachmittagsstunden für eine angenehme Brise sorgt.

071ko-mb

⬧ *Ziegen, Schafe und Co. trifft man überall auf der Insel an*

Flora

Die meisten **Blumen** bekommt man zwischen April und Juni zu Gesicht. Fast überall sprießen **Wildkräuter** – kaum jemand würde hier auf die Idee kommen, sie im Geschäft zu kaufen, viele Koer kennen sich in diesem Bereich sehr gut aus und gehen oft in die Natur, um frische Wildkräuter zu ernten.

Palmen sind auf Kos ebenso anzutreffen wie **Nadelbaumwälder,** je nachdem, wo man sich gerade aufhält. Insbesondere im Landesinnern gibt es rund um den Pfauenwald Pláka ㉞ ausgedehnte Waldgebiete, im Osten, Süden und Norden finden sich hingegen weniger Bäume.

Fauna

Allgegenwärtig sind die **Eidechsen.** Die flinken Inselbewohner treten in mehreren Arten auf. Überhaupt herrscht an Reptilien kein Mangel. Mit etwas Glück trifft man auf griechische **Landschildkröten,** mit etwas Pech auf eine giftige **Schlangenart.** Aber keine Angst, unter den hier vertretenen Arten kann lediglich die **Bergotter** eine Gefahr für den Menschen darstellen. Sie lebt aber eher zurückgezogen in höheren Lagen. Sollte es trotzdem zu einem Biss kommen, ist umgehend ein Arzt aufzusuchen. Auch die flinken **Skorpione** sollte man besser meiden, was zudem für manche **Spinnenart** gilt. Dem Autor ist jedoch während seiner Recherche weder ein Skorpion noch eine Giftspinne begegnet und bei allen Wanderungen nahmen die Schlangen schnell Reißaus – man muss sich also keine übertriebenen Sorgen machen.

Bei den auf Kos heimischen Insekten zählt die **Gottesanbete-**

rin zu den besonders fotogenen Inselbewohnern.

Vorsicht ist bei **Schafen** und **Ziegen** angebracht. Nicht, dass sie auf Kos besonders aggressiv wären, aber so mancher Autofahrer hat in der Dämmerung schon auf unangenehme Weise Bekanntschaft mit diesen Vierbeinern machen müssen. Auch **Esel** werden heute noch gehalten, ebenso wie **Pferde**, die vor allem für Reitausflüge mit Touristen eine Rolle spielen (s. S. 100).

Überhaupt nicht scheu und ein beliebtes Fotomotiv sind die wilden **Pfauen**, die es vor allem in den bereits erwähnten Pfauenwald Pláka verschlagen hat. In der feuchten Jahreszeit kann man insbesondere im Feuchtgebiet der Psalídi Wetlands 28 auf **Flamingos** treffen.

Über die Bewohner der **Unterwasserwelt** informiert der Abschnitt „Tauchen und Schnorcheln" auf S. 86.

Die unbestrittenen Könige – und Königinnen – der Insel sind allerdings die vielen **Katzen**, die in jedem Dorf wohnen. Viele werden von den Bewohnern gepflegt und sind fast schon so etwas wie Familienmitglieder, andere sind krank und in einem bemitleidenswerten Zustand. Wilde **Hunde** sind deutlich seltener, wobei sich das Verhältnis interessanterweise komplett umkehrt, wenn man nach Bodrum (s. S. 75) fährt, wo streunenden Hunden gegenüber durchaus Respekt angebracht ist.

Wer darüber nachdenkt, einen streunenden Vierbeiner aufzunehmen, sollte nicht einfach ein Tier mit in den Flieger nehmen (was leider immer noch recht häufig passiert), sondern sich an Profis wie die **Tierhilfe Kos** wenden:

❯ www.tierhilfe-kos.org
❯ www.tierhilfe-auf-kos.ch

Von den Anfängen bis zur Gegenwart

Kos kann auf eine lange Geschichte zurückblicken und war insbesondere in der Antike (s. S. 24) von großer Bedeutung für die Region. Nachdem es anschließend in eine Art Dornröschenschlaf verfiel, wurde es ab dem Mittelalter immer wieder zum Spielball widerstreitender Mächte. Daran hat sich erst mit dem Ende des Zweiten Weltkriegs etwas geändert. Mittlerweile hat sich die Insel zu einem echten Touristenmagneten gemausert. Die folgende Auflistung zeigt die wichtigsten historischen Ereignisse auf.

3. Jt. v. Chr.: Siedlungsspuren deuten darauf hin, dass Kos schon in der frühen Bronzezeit bewohnt ist und damit als einzige Insel des Dodekanes seit jener Zeit durchgehend besiedelt ist.

16. Jh. v. Chr.: Die aus Kreta stammenden Minoer lassen sich auf der Insel nieder. Zuvor siedelt das aus der heutigen Türkei stammende Volk der Karer auf der Insel. Nach dem Untergang der minoischen Kultur siedeln Mykener auf der Insel.

11. Jh. v. Chr.: Die Dorer lassen sich auf Kos nieder. Es folgt eine Epoche der wirtschaftlichen Blüte, die rund um die damalige Inselhauptstadt Astipálea in der Bucht von Kéfalos einsetzt.

8./7. Jh. v. Chr.: Wie in vielen griechischen Regionen werden demokratische Elemente immer wichtiger und traditionelle Herrschaftsstrukturen werden zurückgedrängt. Eine Zeit relativen Wohlstands bricht an, auch weil sich Kos mit anderen Inseln und Gemeinden, darunter Rhódos, zum Sechsstädtestaat zusammenschließt.

5. Jh. v. Chr.: Kos wird von den Persern erobert und muss den Besatzern ein Flottenkontingent zur Verfügung stellen. Nach der Schlacht von Salamis, die die Athener gegen die Perser gewinnen, übernehmen die Hellenen die Kontrolle über die Insel.

Um 460 v. Chr.: Hippokrates (s. S. 36) erblickt in Astipálea das Licht der Welt.

431–404 v. Chr.: Zur Zeit des Peloponnesischen Krieges gerät das mit Athen verbündete Kos unter die Kontrolle Spartas, wird zunächst geplündert und danach Sparta gegenüber tributpflichtig. Nach dem Sieg Spartas wird die Demokratie abgeschafft.

366 v. Chr.: Die Hauptstadt Kos wird gegründet. Bis in die Spätantike wird die Stadt ihren ungefähren Aufbau beibehalten. Die Insel schließt sich wieder Athen an.

Kos in der griechischen Mythologie

*Der Sage nach soll **Poseidon,** der Gott des Meeres, den Giganten **Polybotes** bei Kos erschlagen haben. Letzterer hatte es, gemeinsam mit anderen Giganten, gewagt, den Göttern die Stirn zu bieten und wurde daher von Poseidon gejagt. Nachdem dieser Polybotes entdeckt hatte, nahm er seinen Dreizack, brach damit ein Stück der Insel heraus und warf es auf den Giganten, der davon erschlagen wurde. Den gewaltigen Felsen ließ Poseidon im Meer zurück, nach antiker Vorstellung handelt es sich um die Insel Nísiros.*

*Auch **Herakles** soll Kos einen (zugegeben unfreiwilligen) Besuch abgestattet haben: Der Legende nach erlitt er an der Küste Schiffbruch, weil die Göttin Hera einen Sturm heraufbeschworen hatte. Dort begann er einen Kampf mit einem jungen Schäfer namens Antagoras, da jener sich weigerte, Herakles und seinen Männern Nahrungsmittel zur Verfügung zu stellen. Es kam zu einer faustdicken Keilerei, bei der Herakles letztlich in die Berge fliehen musste. Von dort gelangte er in ein Dorf nahe dem heutigen Pilí , wo er von den Dorfbewohnern mit Wohlwollen empfangen wurde. Diese erklärten Herakles zu ihrem Herrscher. Herakles gelang es, Eurypylos, zu dessen Männern der Schäfer gehört*

hatte und der seinerseits ein Sohn des Poseidon war, im Kampf zu besiegen und Halkonas, der aus dem freundlich gesinnten Dorf stammte, zum König der Insel zu machen. Aus Dankbarkeit gaben die Dorfbewohner Herakles die Schwester des Halkonas zur Frau. Aus dieser Verbindung ging der gemeinsame Sohn Thessalos hervor, der angeblich die Dynastie der Herakliden begründete. Wie wichtig die „göttliche" Abstammung von Herakles war, zeigt sich durch den Umstand, dass sich noch Jahrhunderte später Menschen auf Kos darauf beriefen, unmittelbar von Herakles – und damit von Göttervater Zeus – abzustammen. Beispielsweise soll Hippokrates (s. S. 36) der Ur-Ur-Ur (und so weiter, die Reihe reichte angeblich 20 Generationen weit)-Enkel des Herakles gewesen sein.

*Der Name der Insel soll übrigens auf die Nachfahrin des mythischen Königs **Merops** zurückgehen, der hier geherrscht haben soll. Nachdem dessen Frau mit der Göttin Artemis in Streit geraten war, wurde sie in den Hades verbannt, woraufhin sich Merops das Leben nehmen wollte. Hera hatte Mitleid, verwandelte ihn in einen Adler und schickte ihn in den Himmel, wo er noch heute das gleichnamige markante Sternbild formiert.*

335 v. Chr.: Kos wird Teil des Makedonier-Reiches. Nach dem Tod Alexanders des Großen wird Kos Teil des Diadochenreichs der Ptolemäer, die über den gesamten Dodekanes herrschen. Zur damaligen Zeit verfügte Kos wohl über ein Vielfaches der heutigen Einwohnerzahl.

ca. 300 v. Chr.: Auf Kos entsteht die erste Astrologieschule der Ägäis.

2. Jh. v. Chr.: Kos wird Teil des Imperium Romanum, nach einem kurzen Intermezzo ab 82 v. Chr. auch formell, wobei zahlreiche Kunstschätze nach Rom geschafft werden.

1. Jh. n. Chr.: Der Apostel Paulus reist auf die Insel. Trotz Verfolgung durch die Römer gewinnt das Christentum an Einfluss.

5. Jh.: Vandalen und anschließend Goten plündern das Eiland, das in jener Zeit bereits Teil des Byzantinischen Reiches ist.

469 und 554: Bei einem großen Erdbeben im Jahr 469 werden weite Teile der Stadt Kos zerstört. 554 kommt es zu einer weiteren Erschütterung, die Stadt verliert dabei viel von ihrem ursprünglichen Charakter. So entwickelt sie sich zu einer modernen frühchristlichen Inselkapitale.

1204: Eroberung der Insel durch die Venezianer

1262: Die Genuesen übernehmen die Kontrolle über Kos, nachdem die Byzantiner als Machtfaktor in der Region endgültig ausscheiden.

1304: Genua verkauft die Insel, ebenso wie Rhódos und andere Gebiete, an den Johanniterorden (s. S. 16), der Kos 1315 in Beschlag nimmt und sein Zentrum auf der Insel Rhódos einrichtet. Zu dieser Zeit entstehen mächtige Verteidigungsbauten wie die Festung Neratziá ❷ am Hafen von Kos-Stadt und die Burg Andimáchia ❸❽ im Inselinneren, um die Insel vor Piraten und der osmanischen Flotte zu schützen.

15. Jh.: Die Osmanen, der neue Machtfaktor in der Region, versuchen zweimal, die Insel einzunehmen, aber Johannitern und der lokalen Bevölkerung gelingt es, die Angreifer vorerst zurückzuschlagen.

1523: Nachdem sich die Insel 1457 erfolgreich gegen eine osmanische Invasion gewehrt hat, unterliegt der Johanniterorden den osmanischen Truppen und muss die Insel verlassen. Später siedelt er nach Malta über, wo er 1565 einer Belagerung durch die Osmanen standhält und das Ende ihrer Vorherrschaft im östlichen Mittelmeerraum einleitet. Kos indes bleibt für rund 400 Jahre unter osmanischer Kontrolle.

⌃ *Überbordende Pracht findet sich in vielen Dorfkirchen, hier in Pilí* ❸❻

1821: Bei einem Aufstand gegen die türkischen Machthaber werden aus Rache fast 100 Aufrührer an der Platane des Hippokrates ❸ erhängt.

1838: Der Erzbischof von Kos wird in den Rang eines Metropoliten (Oberbischofs) erhoben.

1912: Kos gerät nach einer Invasion als Coo unter italienische Kontrolle. Die Bevölkerung begrüßt die neuen Machthaber zunächst, da sie sich eine größere kulturelle Freiheit erhofft. Mit der Machtergreifung der Faschisten in Italien im Jahr 1922 wandelt sich das gute Verhältnis jedoch und die griechische Bevölkerung wird in ihren Rechten stark eingeschränkt.

23.4.1933: Während eines Erdbebens der Stärke 6,6 auf der Richterskala werden zahlreiche Gebäude auf der Insel zerstört und Menschen kommen zu Schaden. Für die italienischen Archäologen, die damals auf der Insel forschen, erweist sich das Beben als Glücksfall, denn gerade in Kos-Stadt kommen unzählige (vor allem hellenistische und spätantike) steinerne Zeugen der Vergangenheit zum Vorschein. Die Ausgrabungen finden von 1934 bis 1942 statt.

1943: Nach dem Sturz von Mussolini und nachdem sich Italien auf die Seite der Alliierten geschlagen hat, wird Kos im Rahmen des „Dodekanes-Feldzugs" von der Wehrmacht besetzt. Über 3000 italienische und rund 1400 britische Soldaten werden gefangen genommen. Unter Leitung von Friedrich-Wilhelm Müller erschießt die Wehrmacht auf Kos rund 100 italienische Offiziere, die jüdische Bevölkerung wird deportiert und ermordet. Der Generalleutnant wird 1947 in Athen für seine Verbrechen hingerichtet. Nach der Vertreibung der Deutschen steht die Insel kurze Zeit unter britischer Kontrolle.

1947: Italien übergibt Kos an den griechischen Staat. Die Briten haben zwar kurze Zeit damit geliebäugelt, die Insel selbst als autonome Provinz in Besitz zu nehmen, müssen diese Pläne aber wieder aufgeben. Rund ein Jahr nach der Reintegration in Griechenland kommt es zu offiziellen Feierlichkeiten.

seit den 1970er-Jahren: Traditionelle Wirtschaftsformen wie die Fischerei und die Landwirtschaft treten in den Hintergrund. Angesichts des Tourismusbooms lässt sich die Bevölkerung immer häufiger in den Orten an der Küste nieder, wobei im Inselinneren teilweise ganze Dörfer aufgegeben werden.

2016: Nachdem immer mehr Flüchtlinge aus der nahen Türkei auf der Insel eintreffen, kommt es zu gewalttätigen Auseinandersetzungen zwischen Demonstranten, die um ihre Einnahmen aus dem Tourismussektor fürchten, und der Polizei. Heute hat der Flüchtlingsstrom deutlich nachgelassen, auch aufgrund des EU-Türkei-Abkommens. Auf der Insel leben aktuell nur noch einige Dutzend Geflüchtete.

20./21.7.2017: Ein Seebeben erschüttert die Insel. Der anschließende Tsunami überflutet den Hafen von Kos-Stadt. Zwei Menschen sterben, es gibt Dutzende Verletzte. Derzeit sind mehrere historische Sehenswürdigkeiten noch immer nicht zugänglich, gerade an der Marina von Kos-Stadt sieht man noch deutlich die Schäden.

PRAKTISCHE REISETIPPS

An- und Rückreise

Mit dem Flugzeug

Der relativ zentral gelegene **Hippo-krates-Flughafen (KGS)** [D3] befindet sich etwa in der Inselmitte zwischen Pfauenwald Pláka **39** und dem Ort Andimáchia **37**.

Der von der Fraport AG betriebene Flughafen wird aus dem deutschsprachigen Raum ohne Umstieg u. a. von **TUIFly** (ab Hannover, Hamburg, Berlin-Tegel, München, Stuttgart, Bremen, Frankfurt/Main, Leipzig/Halle, Saarbrücken, Düsseldorf, Nürnberg, Köln/Bonn, Paderborn/Lippstadt, Münster, Karlsruhe/Baden-Baden, Salzburg, Wien, Basel), **Condor** (München, Stuttgart, Frankfurt/Main, Düsseldorf, Hannover, Hamburg, Leipzig, Innsbruck, Genf, alle unter Vorbehalt, da bei Drucklegung noch nicht feststand, ob Condor vor der Pleite gerettet werden kann), **Austrian** (Wien), **Edelweiss Air** (Zürich), **Swiss** (Zürich) und **Germanwings/Eurowings** (München, Köln/Bonn, Düsseldorf, Hannover, Salzburg, Wien) angeflogen, wobei sich viele Anbieter auf die **Haupt- und Nebensaison** zwischen Mai und Oktober beschränken.

Der kleine und etwas in die Jahre gekommene Flughafen kann dem Touristenansturm mittlerweile kaum noch standhalten und wird daher **derzeit ausgebaut.** Bis dahin muss man sich vor Ort mit zwei Duty-Free-Shops und drei Gastronomiebetrieben begnügen, WLAN steht kostenlos zur Verfügung. Zu Stoßzeiten kann gerade das Abfliegen zur Geduldsprobe werden, da man mitunter erst dann in den Flughafen gelassen wird, wenn dort genügend Platz ist – und so muss man bisweilen in großer Hitze vor den Türen ausharren. Bald soll dies aber der Vergangenheit angehören.

> www.kgs-airport.gr/en,
> www.kosairportguide.com

Vom Flughafen zur Unterkunft

Vom Flughafen aus gelangt man entweder per **Taxi** (Festpreis, knapp 40 € bis Kos-Stadt, unbedingt vorher mit dem Fahrer absprechen), mit einem **Mietwagen** (ca. 23 km, zahlreiche Verleihfirmen im Ankunftsbereich und an der Tankstelle außerhalb des Flughafens) oder per **Bus** zu seiner Unterkunft. Die Busse starten am Kreisverkehr vor dem Flughafen und fahren Kos-Stadt, Mastichári **27**, Kardámena **30** und Kéfalos **42** an.

Alternativ kann man auf **private Transferanbieter** zurückgreifen. Kos Activities (www.kosactivities.gr/transfers) bietet z. B. nach Vorabbuchung Shuttlebusse für 16 €/Person, die eventuell unterwegs andere Fahrgäste absetzen, oder einen Privattransfer für 30 €/Person (ab 2 Pers. 60 €).

Die **Taxis** halten gegenüber dem Flughafenausgang. Man muss so lange Schlange stehen, bis einem ein Taxi zugewunken wird. Es ist ratsam, andere Touristen mit demselben Reiseziel zu finden, um sich den Fahrpreis zu teilen und so Geld zu sparen. Leider gibt es unter den Taxifahrern schwarze Schafe, die versuchen, den Preis nach oben zu drücken. Ruhe bewahren und auf seinem Recht beharren, lautet dann die Devise.

◁ *Vorseite: Solche Terminals versorgen Besucher von Kos-Stadt mit vielen Infos, vorausgesetzt sie funktionieren*

▷ *Hier dürfen weder Esel noch Auto parken*

Von der Unterkunft zum Flughafen

Wer **früh morgens** zum Flughafen muss, weil viele Billigflieger zu früher Stunde starten, ist auf das **Taxi** (rechtzeitig reservieren wegen begrenzter Kapazitäten!) bzw. einen eventuellen **Transferservice** des Hotels angewiesen. Die **Busse** auf Kos verkehren meist nicht so früh am Morgen: Der Flughafenbus von Kos-Stadt startet in der Nebensaison beispielsweise unter der Woche erst um 7 Uhr morgens, von Kéfalos erst um 7.30 Uhr und von Kardámena erst um 7.50 Uhr.

Autofahren

Das Autofahren vor Ort ist einfach. Die **Straßen** sind im Allgemeinen in einem guten Zustand. Insbesondere trifft dies auf die **Eparchiakós Drómos** zu, die **Hauptverkehrsstraße** der Insel, die diese einmal von West nach Ost durchquert. In kleineren Ortschaften, vor allem in den Bergen im Inselinnern, ist es bisweilen schwierig, mit einem großen Wagen zu fahren – hier sind kleine, kompakte, aber antriebsstarke Gefährte die bessere Wahl. Abseits der Hauptrouten und auf der **Halbinsel Kéfalos** [A4–B6] ist es allerdings mit der **Qualität der Straßen** nicht weit her, weshalb man bei Abschluss eines Mietvertrags darauf achten sollte, dass von der **Versicherung** auch Schäden am Unterboden abgedeckt werden.

Ein **Mietwagen** ist das ideale Verkehrsmittel auf Kos. Die Busse fahren zwar zuverlässig, aber nicht sehr häufig, sodass man mit einem eigenen Wagen unabhängig mobil ist. Mietwagen gibt es in jeder größeren Ortschaft. Häufig helfen die Hotels bei der Vermittlung. Dabei sollte

man bedenken, dass diese zwar häufig eine Provision kassieren, manchmal aber auch gute Rabatte aushandeln können. Ein Preisvergleich lohnt sich allemal. Wer schon von zu Hause einen Mietwagen bucht, kann ebenfalls sparen. Gerade bei den großen Preisvergleichsportalen sollte man jedoch prüfen, ob deren Versicherungen eventuell schon so weitgehende Schäden abdecken, dass der Abschluss einer Versicherung vor Ort nicht mehr nötig ist.

Neben Autos, Fahrrädern und Scootern stößt man auf den Straßen von Kos auch auf etliche **Spaßgefährte wie Quads oder Buggys**, die Urlauber im Rahmen einer Tagestour buchen können. Vorsicht ist beim Überholen geboten, da nicht vorausgesetzt

074ko-mb

werden kann, dass die oft ungeübten Fahrer ihr Fahrzeug gut beherrschen.

Vorsichtig sollte man auch beim **Fahren nach Navi** sein: Zahlreiche Durchfahrtsverbote sind beispielsweise bei auf GoogleMaps basierenden Systemen nicht verzeichnet, speziell innerhalb von Kos-Stadt. Außerdem sind Privatstraßen oft nicht als solche ausgewiesen.

Bei **Unfällen** (auch ohne Personenschaden) sollte man aus versicherungstechnischen Gründen immer die **Polizei** (s. S. 123) einschalten und sämtliche Schritte protokollieren lassen. Wichtig ist auch, gegenüber dem Unfallgegner keine Zusagen zu treffen.

Offizielle **Parkplätze** sind ein rares Gut. Die meisten Fahrer stellen ihr Fahrzeug einfach am Straßenrand ab, bisweilen bilden sich dann an touristisch relevanten Orten etwas längere Schlangen.

Tanken

Tankstellen *(vensinádika)* gibt es in ausreichender Zahl, allerdings **ungleich über die Insel verteilt.** Wer rund um die Hauptstadt oder an der Nordküste unterwegs ist, hat meist keine Probleme, eine Tankstelle zu finden – gerade entlang der Hauptstraße gibt es gefühlt jeden zweiten Kilometer eine. Auf der Halbinsel Kéfalos, im Süden und in den abgelegenen Bergdörfern gibt es hingegen nur wenige Tankstellen.

Auch haben längst nicht alle Tankstellen rund um die Uhr **geöffnet**, sodass man von abendlichen Touren mit fast leerem Tank besser absieht. Die meisten Tankstellen sind abends bis 19 Uhr geöffnet. Die **Preise** für Benzin und Diesel liegen über dem deutschen Preisniveau.

Verkehrsregeln

> Anders als in Mitteleuropa haben in Griechenland im **Kreisverkehr** die einfahrenden Fahrzeuge Vorfahrt.

> **Geschwindigkeitsbegrenzungen:** 50 km/h (innerorts) bzw. 90 oder 110 km/h (außerhalb geschlossener Ortschaften)

> Es herrscht wie bei uns **Anschnallpflicht.**

> **Promillegrenze:** 0,5 ‰ bzw. 0,0 ‰ für Motorradfahrer und Fahranfänger

> **Warndreieck, Verbandskasten** und **Feuerlöscher** müssen stets mitgeführt werden – beim Ausleihen des Mietwagens vorab prüfen!

> **Telefonieren** ist während der Fahrt nicht gestattet, Freisprechanlagen sind erlaubt.

Barrierefreies Reisen

Vor der Ankunft am **Flughafen** sollte man dort rechtzeitig Bescheid geben, sofern man Hilfe beim Ausstieg oder bei der Gepäckabfertigung benötigt. Rollstühle stehen in ausreichender Anzahl zur Verfügung.

Im Vergleich zu vielen anderen griechischen Inseln ist Kos **für Rollstuhlfahrer gut geeignet.** Dies liegt weniger an der durchaus verbesserungsbedürftigen Infrastruktur, sondern vielmehr an den natürlichen Gegebenheiten der zumeist flachen Insel, die gerade in den Städten ein relativ müheloses Vorankommen ermöglicht.

Nicht alle **Unterkünfte** sind barrierefrei eingerichtet, gleiches gilt für die **Toiletten** vieler Restaurants. Einige wenige **Strände** sind barrierefrei, im Zweifelsfall lohnt es sich, die jeweilige Unterkunft zu kontaktieren und zu klären, ob der hoteleigene Strand über eine Rampe verfügt.

Diplomatische Vertretungen

> **Deutsche Botschaft,** od. Karaolí & Dimitríou 3, Athen, https://griechenland.diplo.de/gr-de/vertretungen/botschaft, Tel. 2107285111, Mo.–Fr. 9–12 Uhr
> **Österreichische Botschaft,** Leof. Vasilíssis Sofías 4, Athen, www.bmeia.gv.at/oeb-athen, Mo.–Fr. 10–12 Uhr
> **Schweizerische Botschaft,** od. Iassíou 2, Athen, www.eda.admin.ch/countries/greece/de/home/vertretungen/botschaft.html, Tel. 21072303-64/-65/-66, Helpline EDA Tel. +41 800 247365, Mo.–Fr. 10–12 Uhr

Ein- und Ausreisebestimmungen

Im EU-Mitgliedsstaat Griechenland reicht der **Personalausweis** (für Schweizer: Identitätskarte) für die Einreise.

Das Mitführen von **Reizgas** („Pfefferspray") ist in Griechenland verboten. Auf keinen Fall sollte man **archäologische Fundstücke** mit in den Flieger nehmen, es drohen Gefängnisstrafen. Ist man sich nicht sicher, was eine Antiquität und was ein normales Andenken ist, gilt der Grundsatz: Finger weg!

Wichtiger Hinweis für die Einreise aus der **Türkei** (Details s. S. 79): Wer auf dem Seeweg nach Griechenland einreist, für den gelten besondere **Einfuhrbeschränkungen.** Zigaretten (maximal zwei Packungen) und Alkohol unterliegen starken Beschränkungen, die mit saftigen Strafaufschlägen geahndet werden. Wer als **Österreicher** plant, das türkische Bodrum oder Turgutreis zu besuchen,

sollte sich rechtzeitig um ein **Visum** (s. S. 79) kümmern.

Reisen **Kinder** nur mit einem Elternteil, ist in vielen Ländern bei der Einreise eine **Einverständniserklärung** des anderen Elternteils erforderlich (Detailinfos siehe Website des Auswärtigen Amtes).

Geldfragen

Zahlungsmittel

Deutsche **Girocards (Debitkarten)** funktionieren in Griechenland problemlos. Dies gilt sowohl für **Maestro-** als auch für **VPAY-Karten,** auch **Kreditkarten** werden akzeptiert. In Griechenland ist es gesetzlich vorgeschrieben, dass alle Hotels, Geschäfte und Restaurants eine **Kartenzahlung** anbieten, was in der Praxis meist auch eingehalten wird. Für jede Transaktion muss eine **Quittung** (apódiksi) ausgestellt werden, worauf man vor dem Hintergrund der nach wie vor bestehenden Steuermüdig-

Die Griechen sind stolz auf ihr Land und zeigen gerne Flagge

Kos preiswert

> Grundsätzlich sind Unterkünfte in der **Nebensaison** günstiger zu haben als in der Hauptsaison zwischen Juni und August.

> Die wichtigsten **Sehenswürdigkeiten** kosten meist nur wenig bzw. oft sogar **keinen Eintritt.** Dazu zählen mit wenigen Ausnahmen die zahlreichen archäologischen Stätten. Hinzu kommen etliche Naturschönheiten wie der Pfauenwald Pláka **39** oder die Psalídi Wetlands **28**, die kostenlos zugänglich sind. Kultur- und Naturgenuss reißen also keine Löcher in die Reisekasse.

> Wer im **Restaurant** preiswert speisen möchte, sollte sich nach dem **Tagesmenü** erkundigen.

> Guten Gewissens sparen kann man, wenn eine Beach Bar bzw. ein Restaurant auch **Liegestühle** verleiht. Es lohnt sich, die Betreiber anzusprechen, ob man kostenlos eine Liege nutzen kann, wenn man sein Mittag- oder Abendessen vor Ort zu sich nimmt bzw. zu fragen, ob man einen Rabatt für die Mahlzeit erhält, wenn man Schirm, Liegestuhl und Co. anmietet.

keit auch bestehen sollte. Beim **Abheben von Bargeld** wird entgegen der Praxis in den meisten anderen EU-Mitgliedsstaaten eine **Extragebühr** erhoben, die zusätzlich zu der eventuell von der Hausbank geforderten Gebühr anfällt. Diese liegt meist zwischen zwei und vier Euro.

Geldautomaten sind fast in allen größeren Orten anzutreffen und in der Regel gut gefüllt.

Zu Geldfragen in der **Türkei** s. S. 80.

Preise und Kosten

Das **Preisniveau** vor Ort ist durchaus **moderat.** In den touristischen Restaurants zahlt man oft weniger als 10 € für ein Hauptgericht. Hotels sind – rechtzeitige Buchung vorausgesetzt – ebenfalls relativ günstig, gerade im Vergleich zu anderen Inseln und Mittelmeeranrainern. Die Preise für Lebensmittel liegen bei lokalen Produkten unter dem deutschen Preisniveau, für importierte Waren, die das Angebot in den meisten Läden bestimmen, muss man häufig tiefer in die Tasche greifen. Relativ stark zu Buche schlagen Alkohol und Sonnencreme. In kleineren Läden ist es etwas teurer als in Supermärkten. Ein Tag am Strand ist günstig: Für eine Sonnenliege und einen Schirm ist oft nur ein Bruchteil dessen fällig, was man beispielsweise in Italien bezahlen muss.

Hinweis: Derzeit plant die Regierung, die happige **Umsatzsteuer** von 24 % kräftig zu senken (es stehen Wahlen an). Es kann also in den kommenden Jahren zu leichten Vergünstigungen kommen, wobei natürlich nicht abzusehen ist, wie viel davon tatsächlich beim Endverbraucher ankommt ...

Hunde

Griechenland steht nicht gerade in dem Ruf, ein besonders tierfreundliches Land zu sein. Wo vielerorts streunende Katzen und Hunde das Bild prägen, herrscht oft nur wenig Verständnis für Vierbeiner, insbesondere in gastronomischen Betrieben, da Hunde meist nur als Hauswächter eingesetzt werden. Viele Griechen haben Angst vor Hunden, was vielleicht auch daran liegt, dass es keine allgemeine Leinenpflicht gibt – letztlich wird dies von jeder Kommune selbst festgelegt.

Bei der Einreise muss ein gültiger **EU-Heimtierausweis** vorgelegt werden, außerdem muss das Tier **gegen Tollwut geimpft** sein, wobei die letzte Impfung nicht weniger als 21 Tage und nicht mehr als drei Jahre zurückliegen darf.

Hygiene

Steht neben der **Toilette** ein **Eimer,** so sollte man das benutzte Toilettenpapier unbedingt dort entsorgen statt es wie gewohnt herunterzuspülen, da die Rohre sonst schnell verstopfen.

Die **Wasserqualität** ist in Ordnung. Zähneputzen kann man mit dem **Leitungswasser** bedenkenlos, trinken sollte man es aufgrund des oft eigentümlichen Geschmacks aber nur in Ausnahmefällen.

◁ Bankautomaten zum Geldabheben finden sich in allen größeren Orten. Dieser ist allerdings nicht verkabelt – man sollte also vorher prüfen, ob die Geräte überhaupt an das Stromnetz angeschlossen sind.

Informationsquellen

Infostellen auf der Insel

Auf der Insel gibt es nur in **Kos-Stadt** eine offizielle, allerdings nicht gerade häufig geöffnete **Touristeninformation** (s. S. 42). Einrichtungen, die sich „Tourist Office" nennen, sind meist **kommerzielle Anbieter,** über die man Touren buchen kann. Nichtsdestotrotz helfen diese auch gern bei Fragen weiter.

Kos im Internet

> **www.kos.gr:** offizielle Internetpräsenz der Insel, die teilweise auch auf Deutsch alle wichtigen Infos zu Sehenswürdigkeiten, Unterkünften, Stränden etc. bietet
> **www.discovergreece.com/de/greek-islands/dodecanese/kos:** attraktive Website von Marketing Griechenland, über die man Unterkünfte, Flüge und Touren buchen kann und die einige Hintergrundinfos zu Kos sowie schöne Fotos liefert (auch auf Deutsch)
> **www.kosinfonews.gr:** deutsch- und englischsprachige Homepage mit vielen Infos zur Insel, darunter längere Artikel zur Geschichte, aber auch praktische Infos wie Inselkarten oder ein Apothekenverzeichnis
> **www.discoveringkos.com:** Blogger Ioánnis stellt auf der englischsprachigen, liebevoll aufbereiteten Website seine zweite Heimat und die Nachbarinseln vor und konzentriert sich dabei vor allem auf kleine Sehenswürdigkeiten abseits der touristischen Hauptrouten, die einem sonst vielleicht nicht aufgefallen wären. Praktisch: Mit einem Klick auf „Map" kann man sich viele interessante Orte in der Umgebung anzeigen lassen. Auch die Hinweise zur Archäologie und Geschichte der Insel sind durchaus lesenswert.

Meine Literaturtipps

> *bpb:* **Griechenland,** *Bonn 2012. Das über die Website www.bpb.de/shop/zeitschriften/apuz/142842/griechenland kostenlos herunterzuladende Heft der Bundeszentrale für politische Bildung befasst sich mit dem Griechenland der Krisenzeit, wie das Bild der Deutschen in Hellas gelitten hat und wie diese harte Zeit die politische Landschaft auf den Kopf gestellt hat. Empfehlenswert für alle, die einmal hinter die Urlaubsfassade des Landes blicken wollen.*

> *Losse, Michael:* **Burgen und Festungen des Johanniter-Ritterordens auf Rhódos und in der Ägäis. Griechenland 1307–1522,** *Mainz 2017. Der wunderschön bebilderte Band gibt einen umfassenden Überblick über Aufbau und Funktion der Johanniteranlagen, wobei auch Bauten auf Kos und den restlichen Dodekanes-Inseln beschrieben wer-*

> *den. Sehr gut zur Einstimmung auf den Urlaub geeignet und wichtig zum Verständnis jener Zeit.*

> *Prinzessin Tatiana von Griechenland; Farr Louis, Diana:* **Zu Gast in Griechenland. Rezepte, Küche & Kultur,** *Kempen 2016. Es ist kein reines Kochbuch, das die deutschslowenisch-venezolanische Gattin des griechischen Prinzen hier abgeliefert hat, sondern auch eine aufschlussreiche Sicht auf Land und Leute, wobei auch einige prominente Freunde der Autorin ihre Lieblingsrezepte beigesteuert haben.*

> *Schwab, Gustav:* **Sagen des klassischen Altertums,** *Köln 2011. Die erstmals Mitte des 19. Jh. herausgegebene Sammlung der schönsten Sagen gibt einen literarisch herausragenden Einblick in die Welt der Götter und Helden der griechischen Antike sowie die Denkweise der Hellenen – ein absoluter Klassiker.*

Videos zum Einstimmen auf die Reise

> www.youtube.com/watch?v=UdMjn4DD-Lo: Drohnenflug über Kos, der die Insel mal aus einer anderen Perspektive zeigt

> www.youtube.com/watch?v=wEvJ7LPpGb8: gut zehnminütiger Clip, der rund 30 Strände auf der Insel vorstellt. So findet man schon vor der Reise seinen persönlichen Lieblingsbadespot auf Kos!

> www.youtube.com/watch?v=rqua_uDZUzU: Drohnenflug zu den schönsten Stränden der Insel, der garantiert Lust aufs kühle Nass macht

Infos für LGBT+

Kos hat in der LGBT+-Community sicher nicht den gleichen Status wie viele andere griechische Inseln, dennoch ist man hier ein gern gesehener Gast. Die Griechen, sofern sie die **griechisch-orthodoxe Religion** nicht streng auslegen, gelten als **tolerant** und offen gegenüber alternativen Lebensformen. Dennoch sollte man mit dem Austausch von Zärtlichkeiten in der Öffentlichkeit vorsichtig sein. Das gilt weniger für die „kos-mopolitische" Hauptstadt als vielmehr für abgelegene, kleinere Dörfer.

Medizinische Versorgung

Gesetzlich Versicherte können bei Notfällen auf alle vom Gesetzgeber zugelassenen Einrichtungen des griechischen Gesundheitssystems (sog. EOPYY, im Zweifelsfall beim Arzt nachfragen) zurückgreifen. Dennoch ist es sinnvoll, eine **Auslandsreisekrankenversicherung** abzuschließen, die beispielsweise auch den Rücktransport nach Deutschland abdeckt. Oft ist bei Arztbesuchen **Vorkasse** fällig, die Rechnung kann man dann bei der heimischen Krankenkasse einreichen und bekommt die Kosten in der Regel umgehend erstattet.

Der deutsch sprechende **Allgemein- und Sportmediziner Dr. Costas Lambrianidis** ist kompetent und hilfsbereit. Er ist unter Tel. 2242068016 erreichbar und macht auch Haus- bzw. Hotelbesuche.

- **Krankenhaus Kos-Stadt** ‹139› od. Mitropóleos, Tel. 2242054200

Apotheken

Apotheken *(farmakío)* erkennt man an einem **roten oder grünen Kreuz.** Das Apothekennetz auf der Insel ist relativ engmaschig: Jeder größere Ort verfügt über mindestens eine Apotheke, in der meist auch Englisch oder Deutsch gesprochen wird.

Da **Medikamente** oft unter einem anderen Markennamen angeboten werden, ist es sinnvoll, sich den Namen des Wirkstoffs zu merken, sofern man auf die Einnahme bestimmter Präparate angewiesen ist. Dafür sind griechische Medikamente häufig erstaunlich günstig.

Hier zwei empfehlenswerte, zentral gelegene Apotheken:

- **Apotheke Gyonaris Emmanouli & Sia** ‹140› od. Artemisías 2, Kos-Stadt, Tel. 2242026661, So.–Fr. 8.30–20.30, Sa. 9.30–14.30 Uhr. Hervorragend ausgestattete Apotheke in Kos-Stadt, die auch zahlreiche Drogerieartikel führt. Englischsprachiges Personal.
- › **Apotheke Mouzourakis Evangelos** ‹141› unweit des Einkaufszentrums Kritikós, Kardámena, Tel. 6974075963, Mo.–Fr. 9–20.30, Sa. 9–20 Uhr. Gut sortierte, kleine Dorfapotheke.

Mit Kindern unterwegs

Die Griechen sind ungemein **kinderlieb.** Niemand stört sich daran, wenn die Kleinen im Restaurant mal etwas lauter sind und man nimmt Rücksicht auf die Bedürfnisse der jungen Gäste. Es ist völlig normal, selbst kleine Kin-

077ko-mb

› *Ein Ausflug auf einen Pferdehof ist für viele Kinder ein unvergessliches Erlebnis (s. Reiten auf S. 100)*

der überallhin mitzunehmen. Abends geht der Nachwuchs meist spät ins Bett, was natürlich in manchen Lokalen für einen entsprechenden Geräuschpegel sorgen kann.

Kos bietet den Vorteil, dass es neben klassischen Sehenswürdigkeiten, die Kinder und Jugendliche nicht immer interessieren, auch eine Reihe von Attraktionen bietet, die sich wunderbar für Familien mit Kindern eignen. Dank der geringen Größe der Insel ist es für Familien einfach, klassische Sightseeing-Trips und kinderfreundliche Aktivitäten zu kombinieren. Neben **Spaßbädern** und **Gokart-Fahren** (s. S. 123) oder **Reiten** (s. S. 100) lassen sich beispielsweise **Safari-Touren mit dem Jeep** (s. S. 127) unternehmen.

Die vor allem im Norden und Osten hervorragende Strandinfrastruktur sorgt dafür, dass beim **Baden** keine Langeweile aufkommt und die Kinder vielfältige **Wassersportangebote** (s. S. 85) vorfinden.

Gerade jüngere Kinder begeistern sich mit Sicherheit für einen Besuch des kleinen **Zoos in Zía** (Natural Traditional Park **33**), wo es viel zu entdecken gibt. Auch der **Pfauenwald Pláka 39** sorgt bei den Kleinen für leuchtende Augen.

Natürlich darf eine **Schifffahrt** bei einem Griechenland-Urlaub nicht fehlen (s. Touren mit dem Schiff auf S. 126): Ausflüge auf die Nachbarinseln oder in die Türkei nach Bodrum (s. Kap. „Ausflüge" ab S. 68) sind auch für den Nachwuchs erlebnisreich, besonders wenn einer der freundlichen Kapitäne die Kinder über seine Schulter schauen lässt.

Da viele Ausflugsfahrten auch **Badestopps** beinhalten, ist für genügend Abwechslung gesorgt. Und wenn einem doch einmal langweilig werden sollte, muss man nur lange genug nach **Delfinen** Ausschau halten – mit etwas Glück entdeckt man ja hinter der nächsten Welle einen Tümmler.

078ko-ffw

Selbst die klassischen Sehenswürdigkeiten auf Kos sind mitunter für den Nachwuchs spannend: Im **Asklepieion**❷❹ und in den diversen **antiken Ruinen in Kos-Stadt** (Agorá ❾, Archäologische Promenade ❶❺, Römisches Odeon ❶❾ etc.) bieten die alten Steinblöcke viel Raum zum Klettern, Erkunden und Entdecken – so können sich Kinder hautnah **auf die Spuren der Alten Griechen** begeben.

Spannend ist ferner die **historische Windmühle von Andimáchia** ❸❼, wo Kinder alles über die Herstellung von Mehl erfahren. Direkt nebenan lockt ein altes, original eingerichtetes **Bauernhäuschen** (Traditional House, s. S. 60). Weitere Aktivitäten:

Gokart

> **Marmari Go Kart Center** <142> auf der Straße von Marmári nach Tigáki, www.marmarigokartcenter.com, Tel. 2242068184, April–Okt. tägl. 9.30–22 Uhr. Auch schon für Kleinkinder ab drei Jahren geeignete Gokart-Bahn, die über eine attraktive Rennstrecke verfügt. Ausgesprochen freundliche Betreiber, mit kleinem Café. Alle Fahrer sind voll versichert.

Erlebnisbäder

> **Aquatica Waterpark** <143> unweit des Tropical Beach im Inselsüden, https://aquatica.gr, Mai–Okt. tägl. 9.30–16.30 Uhr, Eintritt: Erw. 15 €, Kinder 11 €, bis 1,20 m frei. Ideal für alle Fans außergewöhnlicher Wasserrutschen. Neben unterschiedlichen Rutschen, teils mit, teils ohne Reifen, gibt es auch einen

◁ *Durch die vielen Wassersportmöglichkeiten auf Kos wird auch dem Nachwuchs so schnell nicht langweilig*

Kleinkindbereich und für Mutige eine Kamikaze-Rutsche. Wem das zu viel Action ist, der entspannt im Lazy River oder an der Snack-Bar.

> **Lido Waterpark** <144> zwischen Mastichári und Marmári, Tel. 2242059241, www.lidowaterpark.com/en. In einer der größten Wasserparks des Landes an der Nordküste von Kos kann man zahlreiche Rutschen ausprobieren, den großen Poolbereich aufsuchen oder in mehreren Bars und Restaurants, auf dem Trampolin, im Fish Spa, im Whirlpool oder auf dem Beachvolleyballfeld abwechslungsreiche Stunden mit der ganzen Familie verbringen.

Notfälle

Notrufnummern

> **Polizei:** Tel. 100
> **Touristenpolizei:** Tel. 2242026666
> **Feuerwehr:** Tel. 199
> **Rettungsdienst:** Tel. 166
> **Allgemeiner Notruf:** Tel. 112

Polizei

■ **Polizei Kos (Astinomía)** <145> od. Aktí Miaoúli 2, Tel. 2242022222. Touristenpolizei gleich neben der normalen Polizeistation.

Kartensperrung

Bei **Verlust der Debit-(Giro-), Kredit-** oder **SIM-Karte** gibt es für Kartensperrungen eine **deutsche Zentralnummer** (unbedingt vor der Reise klären, ob die eigene Bank bzw. der jeweilige Mobilfunkanbieter diesem Notrufsystem angeschlossen ist). **Aber Achtung:** Mit der telefonischen Sperrung sind die Bezahlkarten zwar für die Bezahlung/Geldabhebung mit der PIN gesperrt, nicht jedoch für **das Lastschriftverfahren mit Unterschrift.** Man sollte daher auf jeden Fall den Verlust zusätzlich **bei der Polizei zur Anzeige bringen,** um gegebenenfalls auftretende Ansprüche zurückweisen zu können.

In **Österreich** und der **Schweiz** gibt es keine zentrale Sperrnummer, daher sollten sich Besitzer von in diesen Ländern ausgestellten Debit-(EC-) oder Kreditkarten vor der Abreise bei ihrem Kreditinstitut über den zuständigen Sperrnotruf informieren.

Generell sollte man sich immer die **wichtigsten Daten** wie Kartennummer und Ausstellungsdatum **separat notieren,** da diese unter Umständen abgefragt werden.

> **Deutscher Sperrnotruf:** Tel. +49116116 oder Tel. +493040504050
> **Weitere Infos:** www.kartensicherheit.de, www.sperr-notruf.de

Öffnungszeiten

Restaurants haben sich ganz auf den Geschmack der Touristen eingestellt und daher meist durchgehend geöffnet. Viele bieten schon morgens Speisen an und beinahe alle sind bis in die späten Abendstunden geöffnet – zumindest in den wichtigsten Ortschaften sollte es also kein Problem sein, etwas zu essen zu finden. Sofern in diesem Buch nicht anders angegeben, haben die jeweiligen Lokale durchgehend geöffnet.

Geschäfte hingegen machen gern mal eine Mittagspause, haben dafür aber in der Saison häufig bis 22 Uhr geöffnet. **Postfilialen** sind meist nur bis zum frühen Nachmittag geöffnet, dafür aber täglich. Zu den Öffnungszeiten von **Tankstellen** s. S. 116. Die wenigen öffentlichen **Museen** der In-

sel haben meist montags geschlossen, private Einrichtungen wie die „Traditional Houses" sind hingegen oft an jedem Wochentag geöffnet.

Post

Eine **Postkarte** in die EU oder die Schweiz kostet derzeit 0,75 €. Man muss etwa eine Woche einplanen, bis diese ihr Ziel erreicht. **Briefmarken** sind in den Postämtern *(tachidromío),* in vielen Hotels und an Kiosken erhältlich. Auf Kos gibt es mehrere Postfilialen:

> **Post Andimáchia** <146> östlich der Kirche Ierós Naós Kimíseos Theotókou Antimachías, Tel. 2242051555, tägl. 7.30–14.45 Uhr
> **Post Kéfalos** <147> wenige Meter südlich der Kirche Isódia tis Panagías, Tel. 2242071211, tägl. 7.30–14.45 Uhr
> **Post Kos-Stadt** <148> Vasiléos Pávlou 18, Tel. 2242022250, tägl. 7.30–14.45 Uhr
> **Post Pilí** <149> neben der Kirche Ekklisía Evangelístrias, Tel. 2242041265, tägl. 7.30–14.45 Uhr
> **Website der griechischen Post:** www.elta.gr

Sicherheit

Kos gilt als **sehr sicheres Reiseziel.** Nichtsdestoweniger kann es natürlich auch hier zu Fällen von **Kleinkriminalität** kommen. Allzu sorglos sollte man daher mit seiner Handtasche oder der Geldbörse nicht umgehen. Das Einführen von **Pfefferspray** ist in Griechenland verboten und wird streng verfolgt.

Für den unwahrscheinlichen Fall, Opfer eines Verbrechens zu werden, kann man sich vertrauensvoll an die lokalen Polizeidienststellen (s. S. 123) wenden, wo oft auch Englisch gesprochen wird.

Die Sicherheitslage im türkischen **Bodrum** (s. S. 75) ist gut, vor Kleinkriminalität wird hier aber gewarnt. Die vielen **Straßenhunde** stellen mitunter ein Problem dar, im Zentrum sollte man aber tagsüber keine Probleme bekommen.

Sprache

Griechisch ist für Deutsche verhältnismäßig schwierig zu erlernen. Wer in der Schule Altgriechisch belegt hat, kann zwar alle Schilder lesen, wird aber schnell an seine Grenzen stoßen, da sich die Aussprache stark vom klassischen Griechisch unterscheidet. Sprachliche Verbindungen bestehen zum Albanischen und zum Armenischen, was den meisten Urlaubern aber nicht viel helfen dürfte.

Praktischerweise sind Orte auf Straßenschildern immer in griechischer und **lateinischer Schrift** ausgewiesen, sodass für die Orientierung vor Ort keine Griechisch-Kenntnisse nötig sind.

Auf S. 134 findet sich eine **Kleine Sprachhilfe** mit den wichtigsten Wörtern und Floskeln für den Reisealltag. Schon wenn man nur diese anwendet, wird man schnell merken, wie sehr sich die Griechen über das Interesse an ihrer Sprache freuen.

Neben Griechisch ist **Englisch** vor Ort erste Wahl. Im Tourismussektor wird man überhaupt keine Probleme haben, in dieser Sprache zu kommunizieren, auch die meisten jungen Menschen sprechen gut Englisch. **Deutschsprachigen** Mitarbeitern begegnet man am ehesten in Hotels, seltener in Restaurants, wo man je-

LITERATURTIPP

Kauderwelsch Griechisch

Wer sich näher mit der griechischen Sprache beschäftigen möchte, dem sei der **Kauderwelsch-Sprachführer Griechisch – Wort für Wort** (Band 4) aus dem Reise Know-How Verlag empfohlen. Er gibt einen guten Überblick über die Sprache, praktische Aussprachebeispiele und ein innovatives Lernkonzept. Außerdem ist ein auf das Buch abgestimmter Aussprache-Trainer erhältlich (als MP3 oder CD), der die Kommunikation vor Ort erleichtert. Wem das noch nicht reicht, der sollte sich die **Ausgabe plus Wörterbuch** zulegen, welches den Sprachführer um ein Wörterbuch mit satten 10.000 Einträgen ergänzt.

doch in den allermeisten Fällen mehrsprachige Speisekarten bereithält (wobei manchmal selbst mit großer Fantasie nicht klar wird, was die angeblich „deutschen" Begriffe genau bedeuten sollen).

Telefonieren und Internet

Seit dem **Wegfall der Roaminggebühren** kann man in Griechenland zu den gleichen Konditionen telefonieren und surfen wie zu Hause, was für die meisten bedeutet, dass sie unbegrenzt kostenlos nach Deutschland und innerhalb Griechenlands telefonieren können. Vorsicht ist dennoch weiterhin bei **mobilen Daten** geboten: Ist das Datenvolumen erst einmal aufgebraucht, kappen viele Anbieter die Datenverbindung kurzerhand, anstatt sie wie in Deutschland und Österreich zu drosseln. Die erneute Freischaltung kann dann mit z. B. 1 GB für 15 € teuer werden. Als Vielsurfer sollte man daher möglichst oft auf **lokale WLAN-Netze** zugreifen und sich vor der Abfahrt bei seinem Anbieter erkundigen.

Alternativ kann man eine **griechische SIM-Karte** kaufen. Diese erhält man in einem der Handy-Läden vor allem in Kos-Stadt gegen Vorlage eines Ausweises, zusammen mit günstigen Datenpaketen.

Kostenloses WLAN wird von den allermeisten Restaurants und Hotels angeboten. Ein öffentliches WLAN-Netz gibt es jedoch bislang nicht.

Die **Netzabdeckung** ist abgesehen von wenigen gebirgigen Regionen durchweg sehr gut, auch in Bezug auf mobile Daten.

Vorsicht ist bei der Fahrt in die **Türkei** geboten, da diese nicht Teil der Europäischen Union ist. Unter Umständen kann es vorkommen, dass sich das Handy z. B. in Kos-Stadt unbemerkt ins türkische Netz einwählt, was durchaus ein größeres Loch in die Reisekasse fressen kann (mehr als 10 € pro MB). Am besten, man **deaktiviert den automatischen Netzwechsel** und wählt gleich nach der Ankunft auf Kos ein griechisches Netz aus. Bei der Reise in die Türkei schaltet man die Mobile-Daten-Option dann am besten vorsorglich aus.

Bei allen Festnetznummern in diesem Buch ist die Ortsvorwahl stets mit angegeben.

Vorwahlen

> ❯ **Griechenland:** +30
> ❯ **Kos:** 2242
> ❯ **Türkei:** +90
> ❯ **Deutschland:** +49
> ❯ **Österreich:** +43
> ❯ **Schweiz:** +41

Touren

Mit dem Schiff

In **Kos-Stadt** fahren die **Fähren** entweder im modernen Bereich nördlich der Johanniterfestung Neratziá ❷ ab oder westlich des Hafenbeckens (Fahrten in die Türkei, s. S. 75). **Ausflugsboote** steuern auch das Hafenbecken zwischen den eigentlichen beiden Fährbereichen an. Neben Kos-Stadt sind **Mastichári** ㉗ und **Kardámena** ㉚ für den Fährverkehr wichtig. Von hier starten die Fähren in Richtung Kálimnos (s. S. 71) und Nísiros (s. S. 68).

> ❯ **Black Pearl**, im Hafen von Kos, Tel. 6970040771, tägl. Abfahrt 10 Uhr (Rückkehr 17.30 Uhr). Piratenschiff, das meist für 25 € zu **Drei-Insel-Touren** (Kálimnos, Psérimos, Pláti) aufbricht. Für Kinder sehr nett, da es auch eine Rutsche gibt, von der man sich ins Wasser plumpsen lassen kann. Inkl. kleinem Mittagessen.

> ❯ **Nemo**, im Hafen von Kos, tägl. 11.30–13.30 und 18.15–21 Uhr: Nemo bietet eine Fahrt mit dem gleichnamigen **Glasbodenboot** an, auf dem man die Unterwasserwelt der Insel erkunden kann, ohne nass zu werden.

> ❯ **Odyssey**, im Hafen von Kos, www.odysseykos.com, tägl. Abfahrt 10 Uhr (Rückkehr 17 Uhr). Kapitän Ioánnis und seine Crew brechen gegen ein Entgelt von 25 € jeden Tag zu einer **Drei-Insel-Tour** nach Kálimnos, Psérimos und Pláti auf, wo man viel Zeit zum Schwimmen hat. Sehr leckerer Lunch inklusive.

▷ *Ideal für einen Tagestrip: eine Fahrt mit dem Ausflugsboot zu den Nachbarinseln*

Mit dem Bus

❯ Eine bequeme Art, die Insel zu erkunden, bietet der von ELMA KO betriebene **city train bus**. Der nach oben offene Cabriobus steuert Ziele im Osten der Insel an. Start ist in Tigáki , die Fahrt führt dann an der Nordküste entlang nach Kos-Stadt, Platáni ㉒, zum Hippocrates Garden ㊵, zum Asklepieion ㉔ und nach Zipári ㉛. Die Touren starten in der Saison viermal täglich und dauern je 90 Min., unterwegs erhält man über Kopfhörer auch auf Deutsch Infos zu allen Sehenswürdigkeiten (Infos: elma train@gmail.com).

Mit dem Minizug

❯ ELMA KO bietet auch eine kleine **Bimmelbahn** an, die auf drei Touren durch und rund um die Hauptstadt verkehrt und unter anderem das Asklepieion ㉔ ansteuert. Der Preis und die Abfahrtszeiten sind im Hafen von Kos an einer Tafel angegeben.

Mit dem Jeep

❯ Wer Kos einmal abseits der gewöhnlichen Routen erkunden möchte, kann dies mit dem empfehlenswerten Anbieter **Jeep Safari Kos** tun. Die ganztägige Fahrt mit griechischem Mittagessen (10 € zusätzlich, Kinder 5 €) und Schwimmpause ist ein Spaß für die ganze Familie. Über Stock und Stein lässt sich so jeder Winkel der Insel erkunden. Auch Felsenklettern wird angeboten, wobei man bei spektakulärer Sicht über einer Höhle baumeln kann. Infos und Buchung: www. jeepsafarikos.com, Tel. 6974731450 oder 6941429595, 70 €/Person, mindestens 4 Pers.

Mit dem Quad

Quads erfreuen sich immer größerer Beliebtheit und können an zahlreichen Orten auf der Insel ausgeliehen werden. Allerdings kommt es immer wieder zu Unfällen, da viele die PS-starken Gefährte unterschätzen und

080ko-mb

081ko-as©Sergej_Ljashenko - stock.adobe.com

⌂ *Ein rasantes Vergnügen, aber auch nicht ungefährlich: Quads erfreuen sich auf Kos immer größerer Beliebtheit*

Griechische Abende

Fast alle **Touranbieter** auf Kos haben sogenannte **Greek Nights** im Programm. Meist wird man vom Hotel abgeholt, ehe es in der Regel nach Zía **32** geht. Dort kann man in einem Restaurant bei Sonnenuntergang speisen, anschließend spielt eine kostümierte Band „traditionelle" griechische Musik und es wird getanzt und getrunken. Viele haben Spaß an derlei Veranstaltungen und tatsächlich sind diese in der Regel gut organisiert. Richtig authentisch sind sie hingegen nicht, was man bei der Buchung berücksichtigen sollte. Wer sich daran nicht stört, kann durchaus einen erlebnisreichen Abend verbringen.

diese keinerlei Knautschzonen besitzen. Besser ist es da vielleicht, auf einen erfahrenen Anbieter zurückzugreifen und eine **geführte Quad-Safari** zu buchen:

› **Kos Activities** (www.kosactivities.gr/quad-atv-safari) hat Touren mit einem erfahrenen Guide im Programm. Abfahrt ist um 10 Uhr. Über Straße, Stock und Stein geht es zu den schönsten Orten der Insel, wobei unterwegs auch ein Badestopp eingelegt wird. Voraussetzung ist ein Führerschein. Einzelquads kosten 60 €, eine Fahrt mit dem Doppel-Quad gibt es für 30 €/Person, der optionale Transfer zum Ausgangspunkt schlägt mit 5 €/Person zu Buche.

Zu Fuß

› Über den Anbieter **Achtypistours** (www.achtypistours.gr/shorex/kos) lassen sich bequem mehrere Halbtagesausflüge mit englischsprachigem Guide buchen. Die Touren führen beispielsweise zum Asklepieion **24**, nach Zía **32** oder durch

Kos-Stadt (dort sind u. a. das Römische Odeon ⑲ und das Archäologische Museum ⑪ Ziel). Auch eine Genusstour steht zur Wahl. Je mehr Teilnehmer, desto niedriger der Preis – bei entsprechender Teilnehmerzahl werden ca. 50 € pro Person fällig.

› **Kos Activities** (www.kosactivities.gr/kos-running-tour) bietet für 30 € eine interessante, begleitete, zwei- bis dreistündige Joggingtour durch die Hauptstadt und ihre Umgebung an, bei der man allerhand über die Insel und ihre bedeutendsten Sehenswürdigkeiten erfährt. Tempo und Strecke kann man selbst bestimmen, auf Wunsch wird man auch zu weniger bekannten Spots geführt.

Uhrzeit

In Griechenland gilt die **Osteuropäische Zeit**, was bedeutet, dass der Zeitunterschied zu Mitteleuropa jeweils **plus eine Stunde** beträgt. Smartphones stellen die Zeit in der Regel automatisch um.

Unterkunft

Urlauber finden auf der Dodekanes-Insel eine **große Bandbreite an Unterkünften** vor, die von einfachen Herbergen bis hin zum Luxustempel reicht. Das Angebot im **Norden der Insel,** wo die meisten Besucher wegen der schönen Sandstrände nächtigen, wird stark von **All-Inclusive-Unterkünften** bestimmt, die mittlerweile mehr als die Hälfte der Hotels auf Kos ausmachen.

Die **Hauptsaison** auf Kos dauert etwa von Ostern bis September bzw. Oktober, je nach Wetterlage. In der Hochsaison sind die Unterkünfte oft 50 % teuer als sonst, viele schließen in der kalten Jahreszeit ganz – oder sie sind dann besonders günstig.

Es ist auf der Insel durchaus üblich, dass man angesprochen und gefragt wird, ob man noch eine Unterkunft benötigt, insbesondere am Fährhafen. Vor allem **außerhalb der Saison** muss man vor der Ankunft nicht unbedingt eine Unterkunft buchen, denn man findet ohne Weiteres einfache Quartiere vor Ort, oft mit Familienanschluss. Sollte das Wunschhotel einmal ausgebucht sein, bekommt man bisweilen auch Hilfe bei der Suche nach einer Alternative – die Insel ist schließlich klein und man kennt sich.

Ein **Wechsel der Unterkunft** während des Urlaubs ist in Anbetracht der geringen Größe der Insel weder nötig noch sinnvoll, denn alle Attraktionen sind von jedem beliebigen Ort aus gut erreichbar.

EXTRAINFO

Buchungsportale

Neben Buchungsportalen für Hotels (z. B. www.booking.com, www.hrs.de oder www.trivago.de) bzw. für Hostels (z. B. www.hostelworld.com oder www.hostelbookers.de) gibt es auch Anbieter, bei denen man **Privatunterkünfte** buchen kann. Portale wie www.airbnb.de, www.wimdu.de oder www.9flats.com vermitteln Wohnungen, Zimmer oder auch nur einen Schlafplatz auf einer Couch. Diese oft recht günstigen Übernachtungsmöglichkeiten sind nicht unumstritten, weil manchmal normale Wohnungen gewerblich missbraucht werden. Wenn eine Gemeinde regulierend eingreift, kann das zu kurzfristigen Schließungen führen. Eine Buchung unterliegt also einem gewissen Restrisiko.

Auf Kos wird eine **Strukturabgabe** in Höhe von 0,50 € und eine **Touristensteuer** in Höhe von 0,50 € pro Nacht und Person erhoben, die Teil des Übernachtungspreises sind und nicht gesondert abgerechnet werden.

Empfehlenswerte Unterkünfte sind in diesem Buch direkt beim jeweiligen Ort im ersten Teil des Buches unter dem Stichwort „Unterkunft" gelistet.

Verhaltenstipps

❯ Aufgrund von **Brandgefahr** sollte in freier Natur nicht geraucht werden, auch Glasflaschen bitte nicht unachtsam in der Natur entsorgen, schon Scherben können einen Flächenbrand auslösen.

❯ Bloß **keine Fundstücke von archäologischen Stätten aufsammeln** oder **Antiquitäten** mit in den Flieger nehmen! Diese bedürfen einer gesonderten Ausfuhrgenehmigung. Im Zweifel sollte man lieber die Finger vom Kauf solcher Objekte lassen. Schon ein winziger Stein von einer Ausgrabungsstätte kann zum Problem werden, es drohen drakonische Strafen.

❯ Beim Besuch der **Inselkirchen** ist eine allzu freizügige Kleidung tabu, Schultern und Beine oberhalb der Knie sollten bedeckt sein. Frauen müssen ein **Kopftuch** tragen, wobei viele Priester das nicht so streng sehen. Ein Tuch dabei zu haben, das man sich mal schnell um den Kopf legen kann, schadet in jedem Fall nicht.

❯ **Keine Anhalter im Auto mitnehmen,** wenn man nicht in den Verdacht geraten will, einer Schleusertätigkeit nachzugehen (man beachte die sensible Lage und die verschärften Kontrollen im Zuge der Flüchtlingskrise). Es drohen hohe Haft- oder Geldstrafen, Unwissenheit schützt nicht vor Strafe.

❯ Mit **Kritik an der orthodoxen Kirche** sollte man sich zurückhalten. Auch wenn viele Griechen nicht religiös sind, werden manche Landsleute die Kritik an ihrer Religion mit Kritik an ihrem Land gleichsetzen.

❯ Die zahlreichen **militärischen Anlagen** auf der Insel dürfen **unter keinen Umständen fotografiert werden,** das gilt auch für Militärangehörige im Dienst.

Verkehrsmittel

Busse

Den öffentlichen Nahverkehr mit Bussen regelt das **Verkehrsunternehmen KTEL** (www.ktel-kos.gr). In der **Hauptsaison** verkehren tagsüber fast stündlich Busse zwischen den wichtigsten Inselorten. Am besten ist die Anbindung in Kos-Stadt, außerhalb muss man durchaus schon mal länger auf einen Bus warten. In der **Nebensaison** und außerhalb der Reisezeit fahren dagegen nur sehr wenige

079ko-mb

◁ *In Kirchen sind dezente Kleidung und ruhiges Verhalten angebracht*

Busse. Oft beschränkt sich das Angebot dann auf zwei bis drei Fahrten am Tag, am Wochenende sogar noch seltener. In vielen **Hotels** hängen **Fahrpläne** aus, sodass Busfahren relativ unkompliziert ist – allerdings wechseln diese häufig. Auch die **Website** von KTEL liefert Infos (auch auf Englisch). Zum Flughafenbus s. S. 114.

Fahrkarten sind direkt beim Fahrer erhältlich oder, sofern vorhanden, bei den kleinen Ticketbuden an den Bushaltestellen. Die **Fahrpreise** richten sich nach der Entfernung zwischen den Orten und reichen von 2 € bis 4,80 € (einfache Fahrt). Letzterer muss aber nur gezahlt werden, wenn man die komplette Strecke von Kos-Stadt nach Kéfalos 42 zurücklegt, also die Insel einmal komplett in Längsrichtung durchquert.

Neben den von KTEL betriebenen Bussen gibt es in **Kos-Stadt** auch **Stadtbusse**, die auch das **Umland** einschließen. Die Fahrkarten sind je nach Linie 10 bis 30 % teurer, wenn man sie direkt beim Fahrer und nicht am Kiosk kauft (dies gilt nur für Stadtbusse).

Taxis

Die koischen Taxis sind sehr zuverlässig, allerdings außerhalb großer Ortschaften nur sehr selten anzutreffen. Möchte man zum **Flughafen** (s. S. 114), empfiehlt es sich, möglichst frühzeitig ein Taxi zu reservieren, da die Kapazitäten beschränkt sind. Es ist sinnvoll, auf ein eingeschaltetes Taxameter zu achten oder den Preis vorher mit dem Fahrer abzusprechen.

❯ Taxi Níkkos, Tel. 6973446162 (tägl. 5 – 17 Uhr). Ausgesprochen zuverlässiges Taxiunternehmen mit neuen Wagen und guter Kenntnis der Insel.

Wetter und Reisezeit

Auf Kos herrscht ganzjährig ein **mediterranes Klima**. Bei einer **Durchschnittstemperatur** von ca. 22 °C ist ein Inselaufenthalt äußerst angenehm. Frost oder Schnee sind so gut wie unbekannt, selbst in der Nebensaison herrschen noch über 20 °C Lufttemperatur. **Baden** ist ungefähr von April bis Oktober möglich, danach wagen sich nur noch Hartgesottene ins Wasser.

Die **Sommer** sind heiß und trocken, durch die Lage und die angenehmen Winde ist die Temperatur aber auch dann meist erträglich. Dennoch sollte man darauf achten, dass die Zimmer klimatisiert sind oder dass zumindest ein Ventilator zur Verfügung gestellt wird, da sich die Hitze nachts stauen kann. Regensachen kann man getrost daheimlassen – die wenigen Niederschläge setzen meist erst im Herbst ein und verteilen sich gleichmäßig auf die Monate bis Ostern, wenn langsam die heiße Jahreszeit beginnt, aber noch alles in voller Blüte steht.

Die **Winter** sind kurz, mild und feucht. Wer im Winter anreist, muss jedoch mit großen Einschränkungen rechnen. Selbst in Kos-Stadt haben unzählige Lokale geschlossen und ein Urlaub auf der Insel kann schnell in Langeweile ausarten. Auch die Suche nach einer passenden Unterkunft fällt nicht leicht, da viele Hotels im Winter ihre Pforten schließen. Positiv ist natürlich, dass man bei deutlich geringerem Verkehr ausgiebige Radtouren unternehmen kann, auch Wanderungen entlang der Straßen sind problemlos möglich. In den Psalídi Wetlands 28 hat man im Winter die Chance, Flamingos und Co. in ihrer natürlichen Umgebung zu beobach-

083ko-as©dinosmichail – stock.adobe.com

ten. Die geöffneten Unterkünfte bieten außerdem oft satte Rabatte an. Auch ein Besuch in der Olivenölmanufaktur Hatzipetros (s. S. 48) ist dann besonders schön, denn in den Wintermonaten herrscht hier Hochkonjunktur und man kann die Herstellung des kostbaren „flüssigen koischen Goldes" hautnah miterleben.

Wer allzu volle Strände meiden möchte, bei der Unterkunft sparen will und dennoch mit einer hohen Wahrscheinlichkeit Badetemperaturen vorfinden möchte, sollte in der Zeit **nach Ostern bis Juni** oder **Ende September/Anfang Oktober** nach Kos reisen. Dann haben die meisten Hotels, Geschäfte und Restaurants schon bzw. noch geöffnet und winken zudem häufig mit Preisnachlässen – in Hotels können diese schon mal bis zu 50 % im Vergleich zur Hochsaison ausmachen.

Kurz: Kos ist zu jeder Jahreszeit eine Reise wert und bietet von Frühling bis Herbst ideales Strandwetter. Und wer Einsamkeit sucht, ist hier im Winter bestens aufgehoben.

Durchschnitt	**Wetter auf Kos**											
Maximale Temperatur	14°	13°	15°	19°	23°	28°	30°	30°	27°	23°	18°	15°
Minimale Temperatur	9°	8°	10°	12°	16°	20°	22°	22°	20°	17°	13°	10°
Regentage	11	10	8	8	4	1	0	0	2	5	9	14
Wassertemperatur	18°	17°	17°	17°	19°	22°	24°	25°	25°	23°	20°	18°
	Jan	Febr	März	Apr	Mai	Juni	Juli	Aug	Sept	Okt	Nov	Dez

⌃ *Regenbogen und saftige Vegetation: ein Anblick, den Kos nur in der Nebensaison bietet*

⌄ *Hundewetter: Wer auf Kos nicht die Zunge raushängen lassen will, muss auf seinen Wasservorrat achten*

ANHANG

Kleine Sprachhilfe

Die folgende Sprachhilfe entstammt dem Kauderwelsch-Sprachführer „**Griechisch – Wort für Wort**" aus dem REISE KNOW-HOW Verlag.

Alphabet

In dieser Tabelle sind die griechischen Buchstaben (jeweils Groß- und Kleinbuchstabe) den Namen und den deutschen Buchstaben gegenübergestellt.

A α	alpha	a	
B β	wita	v	
Γ γ	gamma	g	
	vor i und e:	j	
Δ δ	delta	d	
E ε	epsilon	e	
Z ζ	zita	s	
H η	ita	i	
Θ θ	thita	th	
I ι	jota	i	
K κ	kapa	k	
Λ λ	lambda	l	
M μ	mi	m	
N ν	ni	n	
Ξ ξ	xi	ks	
O o	ómikron	o	
Π π	pi	p	
P ρ	ro	r	
Σ σ, ς	sigma	ss	
T τ	taf	t	
Y υ	ipsilon	i	
Φ φ	fi	f	
X χ	chi	ch	
Ψ ψ	psi	ps	
Ω ω	oméga	o	

Buchstabenverbindungen

ΑΙ αι	e		
ΑΥ αυ	av	vor Selbstlauten und stimmhaften Mitlauten	
	af	vor stimmlosen Mitlauten	
ΕΙ ει	i		
ΕΥ ευ	ev	vor Selbstlauten und stimmhaften Mitlauten	
	ef	vor stimmlosen Mitlauten	
ΟΙ οι	i		
ΟΥ ου	ou	langes „u"	
ΓΓ γγ	ng	kommt nur im Wortinneren vor	
ΓΚ γκ	g	am Wortanfang	
	ng	im Wortinneren	
ΓΧ γχ	ngch	kommt nur im Wortinneren vor	
ΜΠ μπ	b	am Wortanfang	
	mb	im Wortinneren	
ΝΤ ντ	d	am Wortanfang	
	nd	im Wortinneren	

Lautschrift

Hier sind diejenigen Lautschriftzeichen aufgeführt, deren Aussprache vom Deutschen abweicht.

ch	vor a, o, u raues „ch" wie in „Bach"
	vor e, i weiches „ch" wie in „ich"
d	stimmhaftes „th" wie in engl. „these"
e	kurzes, offenes „e" wie in „Ecke"
g	vor a, o, u fast wie ein deutsches Zäpfchen-r
j	wie „j" in „Jäger"
o	kurzes, offenes „o" wie in „oft"
r	Zungen-r (gerollt)
s	stimmhaftes „s" wie in „reisen"
ss	stimmloses „s" wie „ß" in „reißen"
th	stimmloses „th" wie in engl. „thing"
v	„w" wie in „Witwe"

Besonderheiten

Fragen enden nicht mit „?", sondern mit „;".

Die wichtigsten Floskeln und Redewendungen

Ναι	Ne	Ja
Όχι	Óchi	Nein
Ευχαριστώ	Efcharistó	Danke
Παρακαλώ	Parakaló	Bitte (Antwort)

+++ Die wichtigsten Wörter mit dem Bonus-Audiotrack des Kauderwelsch-

Ευχαριστώ	Efcharistó	Danke,
επίσης	epíssis.	gleichfalls.
Αντίο	Adío!	Auf Wiedersehen!
Γεια σου!	Jássu!	Hallo, Guten Tag,
	(Du)	Tschüss!
Γεια σας!	Jássass!	Hallo, Guten Tag,
	(Sie)	Tschüss!
Καλημέρα	Kaliméra	Guten Tag.
Χαίρετε	Chérete!	Auf Wiedersehen!
Καλώς	Kalós	Herzlich
ορίσατε!	oríssate!	willkommen!
Τι κάνεις;	Ti kánis;	Wie geht es dir?
Τι κάνετε;	Ti kánete;	Wie geht es Ihnen?
Καλά	Kalá	Danke,
ευχαριστώ	efcharistó.	gut.
Εντάξει	Endáksi.	In Ordnung, o. k.
Δεν ξέρω	Then kséro.	Ich weiß nicht.
Καλή	Kalí	Guten Appetit!
όρεξη	óreksi!	
Γεια μας!	Jámass!	Zum Wohl!/ Prost!
Συγγνώμη	Ssignómi!	Entschuldigung!
Λυπάμαι	Lipáme	Es tut mir
πολύ	polí.	sehr leid.

Die wichtigsten Fragewörter

τι;	ti;	was?, wie?
ποιος/	pjos/	welche(s, -r)?
ποια/πιο;	pja/pjo;	
Ποιος είναι	Pjos íne	Wer ist das?
αυτός;	aftós;	
ποιανού;	pjanoú;	wessen?
πού;	poú;	wo?/wohin?
από πού;	apó poú;	woher?
γιατί;	jatí;	warum?
πόσο;	pósso;	wie viel?
μακρά;	makriá;	wie weit?
πότε;	póte;	wann?

Die wichtigsten Richtungsangaben

αριστερά	aristerá	(nach) links
δεξιά	deksiá	(nach) rechts
κατ'ευθείαν	katefthían	geradeaus
πίσω	písso	zurück
απέναντι	apénandi	gegenüber
δίπλα	dípla	nebenan
μακριά	makriá	weit
κοντά	kondá	nah
εδώ	edó	hier
εκεί	ekí	dort
διασταύρωση	diastávrossi	Kreuzung
έξω από	ékso apó	außerhalb
την πόλη	tin póli	der Stadt
στο κέντρο	sto kéndro	im Zentrum

Die wichtigsten Zeitangaben

προχτές	prochtés	vorgestern
χθες	chthes	gestern
σήμερα	ssímera	heute
αύριο	ávrio	morgen
μεθαύριο	methávrio	übermorgen
το πρωί	to proí	morgens
το μεσημέρι	to messiméri	mittags
το βράδυ	to vrádi	abends
απόψε	apópse	heute Abend
καθημερινός	kathimerinós	täglich

Wochentage

Montag	Δευτέρα	Deftéra
Dienstag	Τρίτη	Tríti
Mittwoch	Τετάρτη	Tetárti
Donnerstag	Πέμπτη	Pémpti
Freitag	Παρασκευή	Paraskeví
Samstag	Σάββατο	Sávvato
Sonntag	Κυριακή	Kiriakí

Die wichtigsten Fragen und Bitten

Έχει ...;	Échi ...;	Gibt es ... ?
Έχετε ...;	Échete ...;	Haben Sie ... ?
Ψάχνω ...	Psáchno ...	Ich suche ...
Χρειάζομαι ...	Chriásome ...	Ich brauche ...

Δώστε μου, παρακαλώ ...	Dóste mou, parakaló ...	Geben Sie mir bitte ...
Θα ήθελα ...	Tha íthela ...	Ich hätte gerne ...
Πόσο κάνει ...;	Pósso káni ...;	Wie viel kostet ... ?
Θέλω να πάω ...	Thélo na páo ...	Ich möchte nach ... gehen.
Πηγαίνετε με ... παρακαλώ	Pijénete me ... parakaló	Bringen Sie mich/mir bitte ... (zu.../nach ...)
Θέλω να τηλεφωνώ	Thélo na tilefonó	Ich möchte telefonieren.
Βοηθήστε με παρακαλώ!	Voïthíste me parakaló!	Helfen Sie mir bitte!

Im Restaurant

Wasser	νερό	neró
Wein	κρασί	krasí
Bier	μπύρα	bíra
Limonade	λεμονάδα	lemonáda
Flasche	μπουκάλι	boukáli
Glas	ποτήρι	potíri
Brot	ψωμί	psomí
Salat	σαλάτα	saláta
Suppe	σούπα	soúpa
Fleisch	κρέας	kréas
Fisch	ψάρι	psári
Kartoffeln	πατάτες	patátes
Gemüse	λαχανικά	lachaniká
Käse	τυρί	tirí
Oliven	ελιές	eljés
Tomaten	ντομάτες	domátes
Auberginen	μελιτζάνες	melitzánes
Zucchini	κολοκυθάκια	kolokithákia
Ich möchte bitte zahlen.	Θέλω να πληρώσω παρακαλώ.	Thélo na pliróso parakaló.

Nicht verstanden? – Weiterlernen!

Μιλάω μόνο λίγο Ελληνικά	Miláo móno lígo Elliniká.	Ich spreche nur ein bisschen Griechisch.
Μήπως ξέρει κάποιος Αγγλικά;	Mípos kséri kápjos Angliká;	Spricht hier jemand Englisch?
Πώς λέγεται στα... ; Ελληνικά Γερμανικά	Pos léjete sta ... ; Elliniká Jermaniká	Wie heißt das auf ... ? Griechisch Deutsch
Δεν κατάλαβα τίποτα	Den katálava típota.	Ich habe nichts verstanden.
Ορίστε;	Oríste;	Wie bitte?
Επαναλάβετε το, παρακαλό!	Epanalávete to, parakaló!	Wiederholen Sie das bitte!
Να μιλάτε αργά!	Na miláte argá!	Sprechen Sie langsam!

Register

Die cleveren
Kauderwelsch-Sprachführer aus dem
Reise Know-How Verlag

**Kauderwelsch-Sprachführer
Griechisch – Wort für Wort**
Karin Spitzing
ISBN 978-3-8317-6429-7
192 Seiten │ Band 4
€ 9,90 [D]

Im Kauderwelsch-Sprachführer sind Grammatik und Aussprache einfach und schnell erklärt. Wort-für-Wort-Übersetzungen machen die Sprachstruktur verständlich und helfen, das Sprachsystem kennen zu lernen.

Reisen? We know how!

Das komplette Programm zum Reisen und Entdecken

Reise Know-How Verlag

- **Reiseführer** – praktische Reisetipps von kompetenten Landeskennern

- **CityTrip** – kompakte Informationen für Städtekurztrips

- **CityTrip**^{PLUS} – umfangreiche Informationen für ausgedehnte Städtetouren

- **InselTrip** – kompakte Informationen für den Kurztrip auf beliebte Urlaubsinseln

- **Wohnmobil-Tourguides** – praktische Reisetipps für Wohnmobil-Reisende

- **Wohnmobil-Tourguide Logbuch** – ein Buch für alles, was auf Fahrten wichtig ist

- **Wanderführer** – exakte Tourenbeschreibungen mit Karten und Anforderungsprofilen

- **KulturSchock** – Orientierungshilfe im Reisealltag

- **Die Fremdenversteher** – kulturelle Unterschiede humorvoll auf den Punkt gebracht

- **Kauderwelsch-Sprachführer** – schnell und einfach die Landessprache lernen

- **Kauderwelsch plus** – Sprachführer mit umfangreichem Wörterbuch

- **world mapping project™** – aktuelle Landkarten, wasserfest und unzerreißbar

- **Reisetagebuch** – das Journal für Fernweh und Reiselust

- **Edition Reise Know-How** – Geschichten, Reportagen und Abenteuerberichte

085ko-mb

Schreiben Sie uns

Dieses Buch ist gespickt mit Adressen, Preisen, Tipps und Daten. Unsere Autoren recherchieren unentwegt und erstellen alle zwei Jahre eine komplette Aktualisierung, aber auf die Mithilfe von Reisenden können sie nicht verzichten. Darum: Teilen Sie uns bitte mit, was sich geändert hat oder was Sie neu entdeckt haben. Gut verwertbare Informationen belohnt der Verlag mit einem Sprachführer Ihrer Wahl aus der Reihe „Kauderwelsch".

Kommentare übermitteln Sie am einfachsten, indem Sie die Web-App zum Buch aufrufen (siehe Umschlag hinten) und die Kommentarfunktion bei den einzelnen auf der Karte angezeigten Örtlichkeiten oder den Link zu generellen Kommentaren nutzen. Wenn sich Ihre Informationen auf eine konkrete Stelle im Buch beziehen, würde die Seitenangabe uns die Arbeit sehr erleichtern. Unsere Kontaktdaten entnehmen Sie bitte dem Impressum.

Impressum

Markus Bingel

InselTrip Kos

© REISE KNOW-HOW Verlag
Peter Rump GmbH

1. Auflage 2020

Alle Rechte vorbehalten.

ISBN 978-3-8317-3265-4

Printed in Germany

Druck und Bindung:
mediaprint solutions GmbH, Paderborn

Herausgeber: Klaus Werner, Ulrich Kögerler
Layout: amundo media GmbH (Umschlag, Inhalt),
Peter Rump (Umschlag)
Lektorat: amundo media GmbH
Karten: Ingenieurbüro B. Spachmüller,
amundo media GmbH
Anzeigenvertrieb: KV Kommunalverlag GmbH &
Co. KG, Alte Landstraße 23, 85521 Ottobrunn,
Tel. 089 928096-0, info@kommunal-verlag.de
Kontakt: Osnabrücker Str. 79, 33649 Bielefeld,
info@reise-know-how.de

Alle Angaben in diesem Buch sind gewissenhaft geprüft. Preise, Öffnungszeiten usw. können sich jedoch schnell ändern. Für eventuelle Fehler übernehmen Verlag wie Autor keine Haftung.

Kos mit PC, Smartphone & Co.

QR-Code auf dem Umschlag scannen oder **www.reise-know-how.de/inseltrip/kos20** eingeben und die **kostenlose Web-App** aufrufen (Internetverbindung zur Nutzung nötig)!

★**Anzeige der Lage und Satellitenansicht aller** beschriebenen Sehenswürdigkeiten und weiterer Orte
★**Routenführung** vom aktuellen Standort zum gewünschten Ziel
★**Exakter Verlauf** der empfohlenen Wanderungen und Radtouren
★**Audiotrainer** der wichtigsten Wörter und Redewendungen
★**Updates** nach Redaktionsschluss

GPS-Daten zum Download

Die GPS-Daten aller Ortsmarken und Wander- sowie Radrouten können hier geladen werden: www.reise-know-how.de, dann das Buch aufrufen und zur Rubrik „Datenservice" scrollen.

Inselplan für mobile Geräte

Um den Inselplan auf Smartphones und Tablets zu nutzen, empfehlen wir die App „Avenza Maps" der Firma Avenza™. Über die Funktion „Store" kann die „Islandmap Kos 2020" kostenlos geladen und mit vielen Zusatzfunktionen genutzt werden.

Zeichenerklärung

❶	Hauptsehenswürdigkeit
	Archäologische Stätte
	Burg, Festung
▲	Erhebung
✈	Flughafen
⚓	Hafen
∩	Höhle, Grotte
♆ ⅱ	Kirche, Kapelle
	Leuchtturm
Ⓜ	Museum
- - - -	Nationalparkgrenze
❋	Rundblick
	Strand
	Windmühle
↑	Windrad
——	Wanderungen 1 bis 4 (s. S. 93)
●●●	Radtour 1 (s. S. 89)
●●●	Radtour 2 (s. S. 90)
■	Unterkünfte
■	Gastronomie
■	Einkaufen/Sonstiges
■	Nachtleben
■	Aktiv/Strände

Bewertung der Attraktionen

★★★	nicht verpassen
★★	besonders sehenswert
★	wichtig für speziell interessierte Besucher

Sehenswürdigkeiten
1 Hafen (Limáni)
2 Johanniterfestung Neratziá
3 Platía Platánou und
    Platane des Hippokrates
4 Justizpalast (Palazzo di
    Giustizia)
5 Hamam
6 Haus von Francesco Sans
7 Kirchen Ágios Geórgios und
    Ágios Ioánnis Náfkliros
8 Kirchenmuseum
    (Ekklisiastikó Mousío)
9 Agorá
10 Platía Eleftherías (Freiheitsplatz)
11 Archäologisches Museum
    (Archeologikó Musío)
12 Fórou-Tor (Pórta tou Fórou)
13 Synagoge
14 Kirche Agía Paraskeví
15 Archäologische Promenade
    (Archeiologikós Perípatos)
16 Casa Romana
17 Platía Diagóra und Odós Apelloú
18 Westliche Archäologiezone
    (Ditikí Archeologikí Zóni)
19 Römisches Odeon
    (Romaï'kó Odío)
20 Kirche Ágios Ioánnis

Aktiv
4 Ideal Rentals
15 Liamis Dive Centre
35 E-Motion

Nachtleben
17 Zero coffee bar
18 Kaseta
22 Galatea Bar

Essen und Trinken
1 Kyriakos
2 Harem
5 Barbouni
6 Nick the Fisherman
7 Sofra
8 Giameze
10 Thalia
11 Noah's Ark
12 Salt & Pepper
19 Fidelio
20 Select
23 Passa Tempo Espresso Bar
24 Avanti
33 Meze Academy
36 Beetle
38 Never on Sunday
    (Pote tin Kiriaki)
39 Alla ki Alla

Einkaufen/Sonstiges
9 Kos Olive Tree
13 Kafekopteío i Braziliana
16 Polizei Kos (Astinomía)
26 Dimotikí Agorá
27 Gatzakis Gold
28 Krankenhaus Kos-Stadt
29 Argentum
30 Apotheke Gyonaris
    Emmanouli & Sia
31 Touristeninformation Kos
32 Olive Wood
34 Post Kos- Stadt
37 Agora
40 Abfahrtsort der Schiffe
    nach Bodrum

Unterkünfte
3 Hotel Marie
14 Hotel Sonia
21 Hotel Alexandra
25 Blue Lagoon City Hotel